本书获得
浙江省软科学研究计划重点项目（2024C25006）支持
中国（丽水）两山研究院后期资助项目支持
教育部人文社会科学规划项目（20YJA630030）支持
浙江省软科学重点研究基地"跨区域产业链风险管理与协同创新基地"支持

 企业战略行动研究论丛

The Action Logic of Strategic
PERFORMANCE MANAGEMENT

战略性绩效管理的行动逻辑

李杰义 ◎著

中国财经出版传媒集团
经济科学出版社
·北京·

前　言

战略管理是一项高层次、整体性和动态性的管理。人才管理或绩效管理通常被视为属于人力资源管理的细分领域，但事实上，人才管理或绩效管理必须依托并服务于企业整体的战略发展要求。同样，人才管理或绩效管理的逻辑起点一定是业务和战略。人才管理旨在确保企业能拥有足够数量和质量的人才，使人才能满足企业当下及未来的业务和战略需求。企业既要做正确的事，又要正确地做事。企业战略的成功不仅取决于战略制定，也取决于战略执行。战略制定是如何做正确的事，战略执行则是如何正确地做事。如果企业制定的战略是错误的，那么战略的执行也将无效。

本书将绩效管理纳入战略执行范畴，假设企业制定的战略是正确的。由此，如何正确地执行正确的战略？战略澄清是战略执行的逻辑起点，即要形成年度任务清单，将年度任务清单分解为年度行动计划，再将年度行动计划落实到个人绩效合约。如果说战略制定是选赛道，那么战略执行就是选赛车和选赛手。赛车就是企业的组织系统，企业要建立确保战略有效执行的管控、架构、流程和机制等组织系统。赛车手就是关键人才，企业要根据战略排兵布阵，把合适的人才放在合适的关键岗位上。有了关键人才，才能让赛车发挥最佳的性能。

本书阐释的战略性绩效管理行动逻辑，包括有关人才开发及其人才评价的内容。科技人才是科技创新的关键力量和核心资源，科技人才评价是引导科技人才发展的"指挥棒"，是人才培养与发展的逻辑起点。2022年11月，科技部等八部门联合印发《关于开展科技人才评价改革试点的工作方案》，强调科技人才评价要"构建以创新价值、能力、贡献为导向的人才分类评价体系"。2023年2月，浙江省政府印发《浙江省"315"科技创新体系建设工程实施方案（2023—2027年）》，要求"实施战略人才力量集聚提质行动""深化科技人才多元评价和激励机制改革"。一系列相关政策文件指明了深化科技人才多元评价改革的方向。

但在企业人才评价的实践中，企业往往偏向以结果论英雄，忽略了人才未来可能的可塑性。实际上，人才评价一定要面向未来，人才评价标准也一定是面向未来的标准。当今企业面临的是一个极具变化性、不确定性、复杂性、模糊性的商业环境，人才应具备概念化思考、承担风险、鼓励试验的能力，以及包容开放的态度、坚忍和质疑的精神等适应变化的特质。管理者与员工在绩效达成的过程中，发现问题，并在解决问题的同时，通过对员工进行有效的辅导，提升员工能力。只有这样，才能让员工更好地找到自己的职业成长方向，使他们切实地感受到自身的成长能为组织所关注和重视，从而使他们形成较高的敬业度并成长为真正的人才。

本书试图通过赋予绩效管理以战略意义，系统阐释战略性绩效管理的行动逻辑，以推动传统绩效管理向战略性绩效管理的情境化理论修正。同时，关于如何以战略性绩效管理来撬动整个人力资源管理和人才管理系统，进而驱动企业其他领域和部门向企业战略目标不断迈进，期待本书能为实践界提供决策启示。本书是假设在企业已制定了正确的战略之后，如何化企业战略为员工行动；如何利用绩效管理来确保战略有效执行；如何使员工行动与企业战略持续保持一致。这是一项具有发展前景的研究课题。

全书共八章，分别阐述了绩效管理理论面临的现实挑战以及战略性绩效管理的理论基础、行动过程、评价体系、分析方法、开发机制、新兴领域和整合策略等，涵盖了有助于提升战略执行有效性的战略性绩效管理理论思维和实践洞察。

本书是集体智慧的结晶。在研究和撰写过程中，得到了浙江大学人文社会科学资深教授王重鸣和嘉兴大学商学院教授潘煜双的悉心指导，在此表示由衷的感谢。本书的顺利出版得益于长三角一体化发展研究中心（浙江省新型高校智库）、中国（丽水）两山研究院和跨区域产业链风险管理与协同创新基地（浙江省软科学重点研究基地）等科研平台的支持，得益于浙江省软科学研究计划重点项目（2024C25006）和教育部人文社会科学规划项目（20YJA630030）的支持，在此深表感谢！本人从事高校教学科研工作至今已有24年，在与本科生、研究生的教学互动过程中，他们给予我诸多启迪。教学之余，面向实践、从实践中提炼科学问题，扎根于浙江省经济社会发展的鲜活实践，深入浙江省经济社会发展实践开展调研和行动研究，得到了企业界及诸多企业家的指点。在此表示衷心的感谢！感谢浙江师范大学的领导和同事们给予我的关心和指导，感谢嘉兴大学及其商学院各位领导和同仁的厚爱和指导！

世界一流商学院学科大致包括工商管理学、管理科学与工程以及金融学等学科，受社会、经济和技术等因素的影响，学科边界还在发生着动态变化。工商管理学科建设既强调学术严谨性，又关注实践相关性；不仅关注对基础性和前沿性的学术研究，也关注对企业实践问题的应用研究。管理实践提出的需求、实践问题的综合性和复杂性需要跨学科的研究，本书尝试拓展绩效管理的人力资源管理视野，将绩效管理领域延伸到战略管理、财务管理、营销管理、运营管理和信息管理等领域，开展跨学科领域的研究，阐释战略性绩效管理的行动逻辑。跨学科领域的研究很可能是在一个领域不够深入，但在众多领域略知一二，研究广度与研究深度之间的权衡和选择，仍是需要本人不断探究的现实问题。由于水平所限，本书也存在诸多不足，敬请各位批评指正。希望本书能够时刻提醒和勉励我在今后学术研究中更加勤勉踏实和谦虚谨慎，也期待本书对企业积极推进创新发展、绩效管理与人才开发的实践有所启示。

李杰义

2024 年 1 月 7 日

CONTENTS

目 录

第一章 CHAPTER 01　绪论 / 001

第一节　研究背景 / 001
第二节　研究问题 / 004
第三节　概念辨析 / 008
第四节　本章小结 / 020

第二章 CHAPTER 02　理论基础 / 022

第一节　战略性绩效管理的商业逻辑 / 022
第二节　战略性绩效管理的功能定位 / 041
第三节　战略性绩效管理的最佳实践 / 046
第四节　本章小结 / 050

第三章 CHAPTER 03　战略性绩效管理行动过程 / 051

第一节　前提条件 / 052
第二节　战略性绩效计划 / 055
第三节　战略性绩效执行 / 061
第四节　战略性绩效复盘 / 065
第五节　绩效数据应用 / 071

第六节　本章小结 / 076

第四章 CHAPTER 04　战略性绩效评价体系 / 078

第一节　战略性绩效评价指标 / 078
第二节　战略性绩效评价指标设计 / 082
第三节　战略性绩效评价过程 / 089
第四节　本章小结 / 098

第五章 CHAPTER 05　战略性绩效分析方法 / 100

第一节　战略性绩效评价表格 / 100
第二节　360度绩效数据来源 / 101
第三节　战略性绩效分析报告 / 104
第四节　本章小结 / 111

第六章 CHAPTER 06　战略性绩效开发机制 / 113

第一节　个人开发计划 / 113
第二节　战略性绩效辅导模式 / 119
第三节　战略性绩效激励机制 / 123
第四节　本章小结 / 129

第七章 CHAPTER 07　战略性绩效管理新兴领域 / 131

第一节　团队绩效管理 / 131
第二节　国际绩效管理 / 137
第三节　绩效管理电子化 / 144
第四节　本章小结 / 149

第八章 CHAPTER 08	**战略性绩效管理整合策略** / 150

　　第一节　战略管理与战略性绩效管理　/　*150*
　　第二节　战略性绩效管理体系推进　/　*158*
　　第三节　战略性绩效管理与战略协同　/　*163*
　　第四节　本章小结　/　*169*

参考文献　/　171
后记　/　179

第一章 绪 论

第一节 研究背景

一、不确定性环境是影响战略管理的重要权变因素

战略管理是从战略扫描、战略分析、战略规划、战略实施、战略控制到战略调整的动态循环过程。战略扫描是企业对其面临的商业环境进行的总揽，企业高层只有拥有高远的视野和开阔的眼界，才能发现商业环境中的痛点并抓住其中的机会。环境分析是战略管理研究的基本出发点（李杰义等，2018）。战略环境分析则是对环境相对聚焦的分析，对某一时点环境状态的分析是静态分析，但由于战略环境具有动态性，因而战略环境分析更强调对环境的动态分析。企业面临的环境包括外部环境和内部环境，企业面临的外部环境包括宏观环境和行业环境。宏观环境包括可能影响企业的经济、政治、法律、社会文化、人口、技术和全球化等诸多因素，有学者将之简化为政治法律（politics）、经济（economy）、社会文化（society）和技术（technology）四个主要因素，即 PEST 模型。波特（2012）将影响企业的行业环境因素分为供应商、购买者、新竞争者、替代品、行业内竞争者五种力量，认为这"五力"的不同组合及其变化影响企业的行业环境，这一分析工具被称为"五力模型"。内部环境分析视角经历了资源观、能力观和学习观的演进过程，这一演进过程体现了学界和业界对内部环境由静态到动态分析思路的转变。

战略分析本质上是对企业面临的动态商业环境的持续分析，变化的商

业环境势必要求企业的战略制定和战略执行具有柔性。当今，企业面临的内外部环境具有不确定性，尤其是外部环境更具不确定性。外部环境不确定性是企业所处外部环境的动态性和复杂性程度（唐朝永等，2023）。在面对环境不确定性时，企业的战略管理需要进行权变调整（Teece et al.，1997）。权变是指在战略行动的操作中对原有战略进行调整和修正，以适应变化的商业环境（Liang & Picken，2010）。环境不确定性会导致原本设定的战略无法完全预测和适应环境变化，因此，企业需要灵活调整战略，制定并执行适应新环境的权变战略（邹国庆和温宁瑞，2023）。市场竞争的不确定性可能导致销售额、市场份额和需求的波动等，需要及时调整市场定位及竞争策略。技术变革对产业格局和商业模式产生重大影响，企业需要及时调整技术创新及应用战略。政府的政策法规调整可能对企业经营和发展产生影响，需要调整战略以适应新的政策环境。经济周期的不确定性可能导致市场需求、消费者行为和资源价格的波动，需要调整战略以适应不同经济环境。在面对环境不确定性时，企业需要具备敏捷性和灵活性，及时进行战略调整和权变决策，以适应变化的环境并保持竞争优势。因此，不确定性环境是战略管理和战略性绩效管理行动必须考虑和应对的重要因素。

二、战略成功取决于战略制定和战略执行

战略管理主要包括分析企业面临的环境、确定企业长期目标、选择行动路径，并为实现这些长期目标和行动目标进行资源分配等活动。战略规划的顶端是企业的使命（mission），使命阐述的是企业具体业务及其存在的价值，企业的愿景（vision）阐述的则是企业将来要发展到什么样的程度和层次（Lipton，1996）。战略制定是战略环境分析的逻辑延续，需要从全局角度谋划战略目标，这种目标规划是企业使命、愿景的具体化（Baker，2003），包括确立实施企业战略的具体绩效指标。有了战略目标，企业就要根据战略目标来制订行动计划。企业所有的管理活动，实际上都是围绕着这个战略而存在，包括绩效管理也应围绕并服务于战略。战略成功取决于制定正确的战略和正确地执行战略二者的组合效应，单一强调某一方面

都不足以取得战略成功（Hamel & Vlikangas，2003）。企业需要同时在战略制定和战略执行两个环节上下足功夫，不仅要确保战略制定的全面性和科学性，而且要注重战略执行的规划和管理，以达成战略的成功实施。

良好的战略制定为企业提供了明确的战略方向和目标，而良好的战略执行则能确保企业顺利实施战略并实现目标（张公一等，2023）。战略制定是确定企业的长期目标及发展路径的过程。在战略制定阶段，企业需要进行全面和动态的环境分析。在此基础上，企业需要制定明确的战略计划，包括目标设定、资源配置、风险评估等。战略制定的质量将直接影响战略的有效性和可行性。然而，仅仅制定战略还不足以保证成功，战略执行同样至关重要，战略制定和战略执行二者缺一不可。战略执行是将战略转化为可行的行动计划并将其付诸实施的过程，需要协调和管理企业内外的人力、财务、技术等各种资源。战略执行也需要有效的领导和管理能力，以确保行动计划得到有效执行并持续跟进。一旦制定了正确的战略，企业的各个具体业态和业务，直至每一个部门、每一位员工每天所做的大量工作，都应是企业战略分解的结果，分解下来的大量工作都应最终服务于企业战略。战略性绩效管理就是从人力资源管理角度来保障战略执行的重要手段。

三、战略性绩效管理是环境不确定性下的新型绩效管理模式

当前企业面临的环境是一个易变性（volatility）、不确定性（uncertainty）、复杂性（complexity）和模糊性（ambiguity）的时代，称为VUCA时代（王涛等，2023）。在这样的时代，企业必须有明确清晰的使命、愿景（vision），有对企业自身的核心竞争力明确清晰的理解（understand），设置明确清晰（clarity）的战略目标以及快速敏捷（agile）的行动策略，可称之为VUCA策略。战略性绩效管理旨在识别、衡量以及开发个人、岗位、团队和企业绩效，并且使这些绩效与企业的战略目标持续保持一致。绩效管理本质上具有战略性，战略性绩效管理也已成为学界和业界普遍认同的新模式。传统的绩效管理模式相对静态或内向，它已无法适应快速变化和不确定性环境所带来的挑战（高昕和苏敬勤，2024）。而战略性绩效

管理具有灵活性、适应性和敏捷性的特点（Tseng & Lin，2011），强调将整个绩效管理体系和过程与战略目标之间进行紧密和动态的结合，这种结合有助于企业应对环境变化和环境不确定性带来的巨大挑战。

战略性绩效管理是一种适应环境不确定性的新型绩效管理模式。在战略性绩效管理模式中，绩效管理的焦点也已从阶段性的评估和监测绩效，转变为与企业战略目标的对齐并支持企业的战略目标（西楠等，2010）。战略性绩效管理尤其强调将各个层次的绩效目标及其指标，与企业整体战略目标紧密、清晰和动态地联系起来，从而确保绩效管理体系的重点与企业整体战略目标一致。战略性绩效管理还强调持续的监测和评估，并及时对战略行动进行调整和改进。在不确定性环境中，战略性绩效管理要求企业具备敏捷性和灵活性，能够随时进行战略调整和绩效改进，以应对变化和不确定性带来的影响。这种新型绩效管理模式试图通过将绩效管理与战略目标的紧密对齐和支持，以及持续的监测和调整，帮助企业应对环境不确定性带来的挑战，从而实现对企业战略目标的有效执行。

第二节　研究问题

一、如何科学设计战略性绩效指标体系

战略性绩效指标是战略性绩效计划的重要内容，战略性绩效指标设计是战略性绩效计划的前置工作。绩效管理体系应当起到沟通公司战略、指引奋斗方向、层层落实推进公司战略实施的作用，战略性绩效指标体系设计需要配合有效的战略管理和绩效管理过程，一体化地帮助企业实现可持续发展的战略目标。这意味着，战略性绩效指标体系设计同样是一个动态和持续的过程，绝非一劳永逸，它需要根据企业的战略演变和环境变化进行动态和持续的调整和优化。一旦企业有了愿景、使命，就有必要围绕愿景、使命清晰地定义其战略目标。企业的每个战略目标应该关注特定的关键绩效领域（key performance areas，KPA），这些关键绩效领域应该具有明确性、具体性和可衡量性，并持续地与企业愿景、使命相一致。对战略目

标的清晰定义，首先是识别与战略目标密切关联的关键绩效领域。这些绩效领域是影响企业成功实现战略目标的重要因素，应具备可衡量性、可追踪性和影响性等特征。进一步，企业要为每个关键绩效领域制定具体的关键绩效指标（key performance indicator，KPI），用于度量战略目标及其关键绩效领域的达成情况。关键绩效指标应符合具体（specific）、可衡量（measurable）、可实现（achievable）、相关（relevant）和具有时限（time-bound）等特征，也就是符合SMART原则。

关键绩效指标是战略性绩效指标体系的基本构成，在此基础上，企业还有必要对每个关键绩效指标设定相应的权重和评价标准，以反映其在战略整体目标中的重要性。同时，企业有必要设置明确的绩效目标和时间框架，使得绩效目标有助于追踪和评估绩效的达成程度。在操作层面，企业要确定绩效数据来源及其收集方法。企业有必要明确数据收集的来源，如内部系统、调研数据或外部数据，并确保数据的准确性和及时性。同时，确定数据收集的方法和频率，并保证数据的连续性和可比性。科学设计战略性绩效指标体系之后，企业有必要设计适当的绩效评估机制，包括绩效分析、评估和反馈等流程。企业通过这一绩效评估机制，确保绩效报告能够及时、准确地向相关方提供信息，以便管理者进行决策和改进。同时，企业需要建立一个对关键绩效指标体系进行持续监测和改进的机制，通过对关键绩效指标进行定期评估和反馈，及时发现问题和发展机会，并采取相应的行动进行调整和改进。

二、如何有效执行战略性绩效管理

企业制订战略性绩效计划后，就有必要有效地执行这个绩效计划。战略性绩效执行是指将企业利用战略澄清得到的绩效目标和标准，配合具体的绩效行动以获得绩效结果的过程。换言之，企业通过有效的战略性绩效执行过程，将战略目标及其绩效管理的目标转化为具体的行动和结果（杨丽等，2009），同时帮助员工实现工作目标并提升企业绩效，并为员工的个人发展提供机会和支持，从而促进组织的长期发展和竞争力提升。绩效执行的首要任务是确保员工清楚地了解他们的工作目标和绩效标准，需要将绩效目标向员工传达，并明确绩效目标的具体要求和期望。绩效执行需要将目标转化为具体的行动计划和工作任务，包括分解目标、确定实施步骤和制定时间表，并将任务分配给相应的员工或团队。

战略性绩效执行需要企业提供必要的资源支持，这种资源支持包括人力、物力、信息和技术等方面的支持，还包括提供必要的培训和指导，以此帮助员工提升能力和解决工作中的问题。绩效执行需要进行实时的监督、反馈和跟踪，确保工作按照计划进行并达到预期目标，还需要为员工提供及时反馈，需要对员工的绩效进行评价和总结，以此帮助他们认识到自己的优点和改进方向。绩效执行需要对绩效优秀的员工进行奖励和激励，包括薪酬增长、奖金、晋升机会、表彰和荣誉等奖励和激励方式，以此进一步激发员工的工作动力和积极性。绩效执行需要对绩效不达标的员工进行调整，这涉及培训和发展计划、设置改进目标和提供必要的支持，以此鼓励员工在工作中提升绩效。

三、如何系统开展战略性绩效评价分析

绩效是企业、团队和员工的工作结果与企业设定目标的比较结果，也就是企业、团队和员工的工作结果达成企业战略目标的程度。绩效监控是企业绩效管理与考核的关键，没有绩效监控就没有绩效管理，绩效考核也将无从入手。要实现有效的绩效监控，需要依靠强有力的管理信息系统的支持，通过对反映企业经营状况和绩效变化的指标体系的监控，实时或定期召开经营检讨会议，找出经营管理中的问题和"短板"，及时提出解决问题的对策和措施，并加强与相关组织及个人的沟通，促进组织和个人改进绩效。无论是战略性绩效执行过程中，还是阶段性的战略性绩效执行后，员工及其上级管理者都有必要一起讨论和分析绩效的执行情况。这种分析既要强调员工过去做了些什么，又要强调是怎样做的，这尤其需要关注现在和未来，讨论和分析在下一次绩效周期，企业期望员工达到何种目标以及完成哪些开发计划。绩效分析方法包括比较分析、趋势分析、贡献度分析、统计分析、数据挖掘和图表展示等，企业通过对数据和信息进行整理、解释、评价和分析，评价组织在实施战略过程中取得的成果，以此

判断绩效目标的达成程度和效果，确定各项绩效指标的状态、变化趋势、关联性、成绩和不足之处。

战略性绩效评价分析是一个不断循环的过程，需要对绩效管理过程不断地进行反馈、调整和改进。企业通过对各层面的绩效评价分析，为决策者提供有针对性的改进和优化建议，以此帮助企业提升绩效水平，并最终支撑战略目标的有效实现。企业有必要针对评价分析结果，将实际绩效与预期目标之间的差距进行对比分析，分析绩效差距产生的原因和影响因素，以此找出存在的问题和改进的空间。如果发现评价分析结果与企业战略目标有偏离，就要找出产生这种偏离的根本原因，并制定相应的改进措施，包括对员工在组织内的职业发展提供客观和可靠的信息，引导员工将个人目标与企业目标紧密结合，创造出个人与企业双赢的局面。

四、如何持续推进战略性绩效开发

战略性绩效开发是战略性绩效管理体系的一个关键组成部分，因为它具体说明了为改进绩效而需要实施的行动方案是什么。企业能力、团队能力与员工个体能力共同决定了组织的绩效和竞争力。持续推进战略性绩效开发，要求管理者根据绩效评估结果，制订和实施个人和团队的绩效开发计划，包括培训和发展计划、提供资源和支持、设定绩效目标和行动计划等。战略性绩效开发本质上是对企业能力、团队能力和员工个体能力的开发，企业需要将持续推进战略性绩效开发纳入日常管理和决策过程，以此确保绩效管理与战略目标的紧密对接，实现战略性绩效的持续改进和发展。

战略性绩效管理需要培训开发的支持，战略性绩效管理与培训开发共同指向企业的战略目标。绩效与开发是一个明确、正面和良性的因果关系，绩效是因，开发是果。战略性绩效开发既要关注短期的业绩目标，也要关注长期的发展目标。战略性绩效开发要指出应当如何改进员工在当前职位上的绩效水平，如何保持在当前职位上的优良绩效，应当怎样为未来的绩效提升做好准备。同时，战略性绩效开发也要为员工提供未来的发展机会，即使员工在组织内部取得职业发展的前景并不乐观，也应当确保员工的日常工作经验更加丰富。

第三节　概念辨析

一、战略制定、战略部署与战略执行

在战略制定阶段，关键决策者需要考虑市场、竞争、技术和资源等多方面的因素，确保所制定的战略与企业的愿景、使命相一致。战略部署是将制定好的战略转化为可执行的行动计划。在这一阶段，企业需要具体规划各个层面的目标、任务和资源分配，确保战略的执行能够得到支持和推动。战略部署还包括确定关键绩效指标、建立相应的控制系统和监测过程，以评估战略实施的进展和效果。战略执行是将战略部署的计划付诸行动，并不断进行监测和调整，以达成战略目标。在战略执行阶段，管理者需要通过有效的沟通、资源协调和团队动员来推进战略的有效实施（陈国庆和兰宝英，2011）。同时，管理者要对战略执行的进展进行监测，及时发现问题并采取措施进行调整，以确保战略目标的顺利实现。组织系统、人才队伍和企业文化建设是企业战略有效执行的保障。

高效战略执行的第一个关键驱动因素是组织系统建设。企业要构建能有力支撑战略实施的组织系统，至少要关注管控、架构、流程、机制这四个关键要素。不同的业务，战略定位自然不同，需要不同的管控原则。新业务是为了快速扩张抢占市场，就不能够按照传统的科层制流程，它要求企业在管控流程上高度灵活，给一线单位、一线团队充分的授权，灵活决策。组织架构包括职能制、事业部制、矩阵制、混合制等，企业的架构设计同样要根据战略的需要。为了快速扩张，企业可以让事业部灵活地开展业务、开拓市场，总部则提供统一的品牌授权、关键资源的倾斜、风险管控等后台支持。战略的实施必然导致业务管理流程的变化。中小企业规模不大，并不需要很复杂的流程。但对于规模化的大型企业往往存在着流程冗余甚至是内耗的情况，需要常态化地审视、调整和优化内部流程体系。机制是企业各个要素之间的一种结构关系或者运行方式，合伙制就是关系

到企业价值创造、评价和分配的一个系统过程。

高效战略执行的第二个关键驱动因素是人才队伍建设。战略就类似于古代的将领带兵打仗时的排兵布阵。要取得战争的胜利,把什么样的部队放在什么样的位置上是取胜的关键,是否拥有一批善于带兵打仗和有勇有谋的将才则是关键中的关键。在人才队伍建设中,企业需要确定与组织战略相匹配的人才标准、进行人才盘点、引进和培养人才。企业要挑选一批能带兵打仗的将帅人才,就需要一套标准对员工队伍进行一个评估。人才标准定义了一系列为了高绩效完成工作所必需的能力,其核心是将能力落实到员工管理上。人才标准一般包括知识、技能、行为等核心要素,还包括经验、品格等其他参考项。人才标准的制定不只是人力资源部的事,高层也一定要亲自参与到人才标准的建设中,包括亲自参与核心人才的能力评价。有了人才标准之后,企业就要进行关键人才盘点,运用各种可行方式和评价技术,对候选人的能力进行多个维度的交叉评估,来判断候选人的胜任情况,来预测一个人是否称职。之所以要用多种方式,从不同维度对候选人进行评估,是因为要看清一个人其实很难。通过关键人才盘点,如果发现差距,企业就要引进和培养人才。

战略高效执行的第三个关键驱动因素是企业文化建设。文化或氛围看起来虚无缥缈,但它是企业的软实力。企业文化建设的最终目的是确保团队的认知统一、思想一致、上下统一行动。企业向其成员提供的不仅是报酬、权利和做事业的平台,还需要提供精神家园,提供职业和生命的意义感、崇高感、尊严感和荣誉感。企业文化从内到外可以分为理念层、制度层、行为层和形象层四个层面,越是外层的内容越容易落地,越是内层的内容越难落地,但越是内层的内容越重要。

战略制定、战略部署和战略执行是一个相互衔接、彼此依赖的过程,企业只有在充分理解和把握内外部环境的基础上,合理制定战略并有效部署和执行战略,才能取得长期的竞争优势与持续发展。理论上,高层管理者心里的想法会体现在企业的战略制定上,但企业的战略制定需要员工实际落地实施才能得以实现。但实践中,员工手头所做的事情与高层管理者心里所想的事情之间,真的一致了吗?从实际情况看,往往会存在二者不一致的现象。就像一辆自行车,如果车把的方向往左,但车轮的方向却往右，二者的方向不一致，那么很显然这是一辆坏的自行车。因此，如同只有车把方向与车轮方向保持一致才是一辆好的自行车一样，只有企业的战略执行与战略制定、战略部署之间相互一致，才能称得上是真正有效的战略执行，才能真正保障正确的战略制定和战略部署得以正确执行，并真正落实到位。

企业战略本身的有效性包括企业战略的正确度和企业战略的共识度两个维度。如果企业在战略上既缺乏正确度又缺乏共识度，那么这样的战略处于战略黑洞中，不是真正意义上的战略。如果一家企业在战略上富有正确性，但它只停留在战略制定者个人脑海中，并没有在核心团队当中形成共识，那么这样的战略是曲高和寡，也很难落地执行。如果一家企业在战略上有很高的战略共识度，但是它的战略方向不对，那么这样的战略无助于赢得竞争优势，只能是人云亦云的大路货。只有同时具备了正确度和共识度的企业战略，才是真正有效的战略。当然，本书是假定企业有了有效、正确并达成共识的战略条件之后，如何更好地执行战略，以及如何有效地实施战略性绩效管理。

二、战略澄清、绩效管理与战略性绩效管理

战略澄清可视为战略的详细部署，它是通过战略沟通对企业的战略目标及其愿景、使命进行进一步的明确，旨在确保所有成员都理解和支持战略方向，并明确各自的角色和职责。战略澄清有助于提升企业内外部的沟通与协作，确保战略的一致性和持续性。战略性绩效管理包括前提条件、设定目标、制定绩效指标、收集数据、评估绩效、提供反馈和奖励，并进行持续的监测和评估等。战略性绩效管理的前提条件包括战略澄清和工作分析。通过战略澄清，企业进一步确定和衡量企业层、部门层、岗位层和个人层所期望实现的目标和绩效，以便对上述四个层次的对象进行绩效评估、提供反馈和改进绩效的过程。通过有效的绩效管理，企业能够激励员工，提高工作质量和效率，并促进个人和企业的共同发展。

需要指出的是，战略性绩效管理是将绩效管理与战略目标相结合的绩效管理模式，它强调将绩效目标和绩效指标与企业的战略目标紧密关联，

以确保绩效评估和改进的重点与战略一致。战略性绩效管理通过持续地对绩效结果、绩效影响因素和绩效改进进行分析和评估，帮助企业及时了解战略实施的效果，并及时采取相应的措施进行调整和改进。同时，战略性绩效管理可以帮助企业更加精确地衡量和管理关键绩效，从而推动战略目标的实现。战略澄清、战略执行与战略性绩效管理之间相辅相成，通过明确战略、设定目标、衡量绩效和持续改进，能帮助企业实施战略、提高绩效和实现长期成功。

企业中长期的战略目标通常是指 3~5 年的战略目标，基于中长期的战略目标，企业就要制定每年的年度战略目标。在影响力方面，年度战略目标能不能实现，对推动企业中长期战略目标的实现具有里程碑意义。在组织跨度方面，年度战略目标能不能实现，是需要跨部门协调资源和协调配合，共同实现的。在激发能量方面，年度战略目标能激励人心，只有真正的挑战性目标才能产生真正的能量。在可行性方面，年度战略目标一定是要有取胜可能性的，属于企业"跳一跳"能够得着的状态。在时效性方面，年度战略目标是机不可失和时不我待的。企业需要进一步对年度战略目标进行界定和描述，要尽可能用一线员工能理解的语言进行详细描述，以使各方对年度战略目标有充分的认知和理解。

如何将战略执行与战略制定之间有效地联系起来呢？经历了战略分析、选择、定位、制定和规划以后，企业就需要自上而下逐级地将已经规划的战略进行澄清，从而分解出行动计划，这个行动计划通常包括行动领域、行动完成时间、行动完成标志、主责任人、资源支持以及衡量指标等内容。企业应明确战略层面需要重点完成的任务，将战略层面的关键绩效领域（KPA）或关键成功领域（KFA）分解到各部门，明确部门层面重点要做的事情。随后，企业应分别将各部门的关键成功领域再分解到各岗位，明确相应岗位上的员工应该重点完成的任务。

既然岗位上的人要做这些事情，那么管理者如何监测具体岗位上的人是否做好了这些事情呢？管理者要将战略、部门和岗位重点要完成的任务分别界定为各个层面的关键成功领域。事在人为，事情需要人来做。管理者找到了各个关键成功领域，就要设计具体的关键绩效指标（KPI）。然后通过绩效指标去引导，并监测具体岗位上的员工是否很好完成了相应的事情,将战略执行与战略制定有效地联系起来。绩效指标类似于健康管理指标,怎么发现健康与否?需要用一些指标反映出来,如血压、血脂、血糖、肝功能等指标。中医的指标是脉诊,中医概念上的指标偏向定性和系统,而西医更偏向于分解成一些操作性的指标。兼而有之,企业的关键绩效指标应该既量化又具体系,各个层面的关键成功领域对应相应的操作性绩效指标,而且这些指标应该成为一个体系。

实际上,企业战略澄清并界定各个层面关键成功领域的过程也是一个动态和持续的过程,就是要实施各个层面的关键绩效指标逐级分解,从而持续地促进它们之间上下对齐和左右对齐。由此,各个层面的关键绩效指标就有可能成为一个体系,既彼此关联又相互支撑。管理者只有利用通过上述分解和对齐得到的这些关键绩效指标,去监测具体岗位的绩效,才会使得企业战略与员工行为保持一致性,从而达成上下一致、上下同欲的战略执行效果。而且,上述逐级分解和对齐的过程不应该是某一时点的静态分析过程(龚宏斌和罗青军,2004)。在企业的管理实践中,因外部环境的不断变化,企业的战略也应不断进行调整。像骑自行车一样,我们不能将车把固定起来,而要保持车把的灵活性和适应性。也就是自行车在行进过程中,碰到变化时能适时地调整车把方向。同理,企业需要根据战略转型,持续地进行战略澄清,不断地通过分解界定各个层面的关键成功领域,相应地修正和建构关键绩效指标体系,这样才能使员工行为与企业战略持续地保持一致。

三、战略性绩效识别、绩效评价与绩效开发

战略性绩效管理是企业有效地进行战略澄清,持续地识别、评价、开发企业绩效、团队绩效、岗位绩效和个人绩效,并使这些绩效持续地与战略保持一致的过程(Aguinis,2020)。这一定义至少涵盖如下三层意思,准确地把握这三层意思才能真正把握战略性绩效管理的内涵。一是通过自上而下的战略澄清,持续地识别、企业绩效、团队绩效、岗位绩效和个人绩效;二是以识别出来的绩效评价指标,持续地评价相应层面的绩效;三是以企业绩效、团队绩效、岗位绩效和个人绩效等层面的绩效评价结果为

依据，找到绩效差距，通过绩效执行过程使个人绩效、团队绩效、岗位绩效、个人绩效与企业战略之间持续地保持一致。如何使个人绩效、岗位绩效、团队绩效、企业绩效与企业战略保持持续的一致性？战略性绩效识别旨在通过战略性绩效指标体系的设计，达成与企业战略保持持续的一致性的效果。为强化绩效识别、绩效评价与绩效开发与战略之间的衔接，本书将这三个概念相应地命名为战略性绩效识别、战略性绩效评价与战略性绩效开发。

但在实践中，不少企业可能会出现一种现象，就是大部分员工都很忙，每天都忙着一些事情，但员工忙的这些事情是否都是企业需要做的事情？如果员工忙的这些事情不是企业所需要的，忙的事情与企业战略的关系不大，那么这种"忙"的行为就是在做无用功，这也反映出企业绩效管理存在的问题。从员工个人角度看，战略性绩效管理的目的就是对员工的行为进行管理，引导所有员工时刻进行自我审视，审视当下的员工行为与企业的战略目标是否一致。实际上，可以从事情的重要性和紧急性两个维度，将管理者每天要做的事情分为四个象限，有些事情是重要的，有些事情是紧急的，有些事情既重要又紧急，有些事情既不重要又不紧急。管理学不强调管理者把所有事情都做好，只要把最重要和最紧急的事情做好就可以，管理者要学会时间管理，有所取舍。

战略性绩效识别、绩效评价与绩效开发是各直线管理层的主要职责，具体包括设定直接下属绩效目标，使各级绩效目标与企业发展战略、企业文化所倡导的目标相一致，并就下属的绩效目标与下属达成共识；负责实施所属员工的绩效评价工作，审核所属员工的评估结果，对评价的最终结果负责，并就下属的绩效评价结果与下属达成共识，及时形成个人和部门层面的绩效分析报告；协调和解决所属员工在评价中出现的各类问题，并负责解释评估方案，向人力资源部反馈所属员工对企业绩效评价的看法和意见；为所属员工提供绩效反馈，开展绩效辅导，指导员工进行绩效改进，根据评价结果和公司的人事政策作出职权范围内的人事决策等。

战略性绩效识别、绩效评价与绩效开发是人力资源部的重要职责，具体包括设计、测试、改进和完善绩效管理系统及评价系统，实施绩效方案沟通计划，组织宣传绩效管理系统的内容、目的和要求，并为各级评价者提供绩效管理培训；组织、督促、检查和协助各部门按计划实施绩效评价，及时汇总收集各种评价信息，并对公司绩效评价数据进行整理和分析，定期形成公司层面的绩效分析报告；根据评价结果和企业的人事政策，向决策者提供人事决策的依据和建议，负责所有绩效档案的管理等。

遵循战略性绩效管理定义，绩效识别、绩效评价与绩效开发的对象分别指向个人绩效、岗位绩效、团队绩效、企业绩效四个层面，这四个层面的绩效之间是一种相辅相成的关系。其中，自上而下是对企业战略的逐级分解，自下而上则应形成对企业战略的有效支撑。绩效识别为绩效评价与绩效开发提供了方向，绩效评价是针对识别出来的绩效的评价并为绩效开发提供依据，这三项工作之间是一种环环相扣的关系，而且，这三项工作都应与企业战略持续地保持一致。从员工绩效管理的角度看，绩效识别、绩效评价与绩效开发都应主要由直接上司来主导，而不是由人力资源部门管理人员来主导，人力资源部门管理人员只是上述工作的组织者。绩效识别具有名词的意涵，旨在通过战略澄清等一系列动作设计出一套绩效指标体系。绩效评价则具有动词的意涵，旨在利用绩效识别出来的绩效指标体系，通过绩效计划制订、绩效执行等动作实施对绩效数据分析和员工行为的监测。绩效开发也具有动词的意涵，旨在通过对绩效数据检测，分析绩效差距，实施开发计划，推动绩效的改进与能力提升。同样，绩效识别、绩效评价与绩效开发都应是动态和持续性的工作。

战略性绩效识别是通过有效的战略澄清和岗位分析，自上而下地设计出企业、团队、岗位和个人层面的关键绩效指标的持续过程。有效地进行战略澄清和岗位分析是绩效管理的重要前提，也是绩效识别的重要手段。绩效识别是战略澄清的重要产出，也是绩效计划的重要内容构成，主要目的在于设计出绩效指标体系。绩效识别的基本思路是，管理者怎么去识别某一对象到底有没有把事情做好，有没有把工作做好，用一些什么样的指标去观测或监测员工的行为，才能使员工的行为能与企业的战略目标持续地保持一致性。

尽管本书讨论的是企业绩效管理实践，但不妨以生活场景的人生战略澄清和绩效识别为例来阐释。如果你要成为一个对社会有用的人，这个人生战略就可以分解为生活、职业或创业目标等。你要把这样的战略、目标分解为几个十年目标，比如从 21 岁就业到 60 岁退休，大部分人的职业生涯约为 40 年。假设你的人生目标是成为对社会有用的人，那你的职业目标就可能是从事对社会有意义的职业。由此，将职业目标分解为 21～30 岁、31～40 岁、41～50 岁、51～60 岁 4 个 10 年目标，每个 10 年目标分别包括哪些关键成功领域。进一步，可以将每个 10 年目标分解为 2 个 5 年目标，每个 5 年目标分解为 5 个年度目标，每个年度目标再逐级细化为每月、每周、每天的目标，甚至每时关键所要做的事情。实践中，企业场景与生活场景的绩效识别原理较为相似。

战略性绩效指标体系是包括上下对齐、左右对齐和时空对齐的一个系统的指标体系。战略澄清是一个战略目标、企业绩效指标、团队绩效指标、岗位绩效指标与个体绩效指标体系之间自上而下分解和上下对齐的过程。而且，需要设法使同一层次的团队绩效指标之间，以及各个体绩效指标之间左右对齐。从目标管理角度看，战略目标需要分析和细化，这样才便于战略目标的落实与实施。战略目标按时间跨度可分为长期目标、中期目标和短期目标，中期目标是长期目标的分解，短期目标是中期目标的分解。由此推论，时间跨度小的绩效指标是由时间跨度大的绩效指标分解而来，时间跨度大的绩效指标则是由时间跨度小的绩效指标来支撑，这可以理解为绩效指标体系在时间维度上的对齐过程。

为更好地适应环境的动态变化，战略目标势必进行动态调整。因此，战略性绩效指标体系的上下对齐、左右对齐和时空对齐的过程都应顺势而为，具有敏捷性。无论是战略目标与绩效指标体系之间的自上而下的分解和上下对齐，还是各绩效指标之间的左右对齐、各绩效指标之间的时空对齐，都应该是一个持续的动态过程。

战略性绩效评价是根据企业层、团队层和个体层绩效指标，赋予各指标的权重并制定对应的绩效目标值，据此观测或监测各层面的员工行为及结果以收集数据，从而结合绩效数据与绩效计算公式以得到绩效评价结果的持续过程。绩效评价是绩效执行的重要内容，主要工作是持续地掌握和收集员工绩效数据，并在分析绩效数据的基础上，实施对员工行为绩效的持续监测。

面向和支撑同一关键绩效领域的指标，一般包括多个具体的关键绩效指标组合。此时,需要对多个具体的关键绩效指标设计相应的权重,从而使多个关键绩效指标之间构成一个指标体系。就单一指标的测量而言,类似地,假设某一人选择了血压作为关键绩效指标,那就有必要拟定某一周期对血压控制的评价标准。医学上表明,健康成年人血压控制标准值为120/80毫米汞柱,因此可以参照这一标准设定某一周期对血压控制的目标值。类比到企业场景,上述工作可视为绩效计划的主要内容。接下来就是绩效执行,在上例中,就是根据血压这一指标,定期地通过血压仪来测量血压和收集血压数据,并根据血压数据调整自己的饮食状况。如果血压超过期初设定的目标值,那么个案的有关行为,如饮食、生活习惯等,与期初设定的绩效目标之间就存在差距,甚至这些行为过程的绩效可能为负。在企业战略性绩效管理实践中,绩效评价的直接前置动作包括绩效计划和绩效执行。

从战略性绩效评价的角度来看,制订绩效计划的主要内容是设定绩效指标及其相应的权重和评价标准,包括绩效指标名称及其相应的权重和评价标准就构成了特定指标的详细定义,也就是绩效评价的计算公式。而战略性绩效评价则是在绩效执行阶段收集各指标的数据之后,将这些绩效数据代入绩效评价的计算公式进行计算,从而得到相应评价结果的一个战略性绩效管理环节。战略性绩效评价是持续性的过程,间断性的绩效评价就是周期性的绩效考核,因此,战略性绩效评价具有不间断的全周期性和全过程性特征。

战略性绩效开发是根据企业层、团队层、岗位层和个体层绩效评价结果,分别分析相应的绩效差距及其背后的原因,并由此查漏补缺,实施弥补这类差距的策略。同时,有必要进行战略复盘,从而改进企业层、团队层、岗位层和个体层绩效,进而提升企业、团队及其员工个体能力的一个持续过程。绩效评价终究是针对过去绩效而进行的评价,从而对绩效评价如何持有一种未来导向,以及如何将评价结果运用于未来绩效改进及其能力提升,显得非常关键。相较于持续性的绩效评价或阶段性的绩效考核,战略性绩效管理尤其强调未来导向,强调企业如何通过最佳绩效管理实践从对过去绩效评价结果中总结出指导未来发展的经验,不断地实现经验的迭代和员工能力的提升。这一过程折射出战略性绩效开发更具未来导向,这与战略管理的未来导向是一脉相承的。

在战略性绩效开发环节，管理者需要通过对持续的绩效评价结果的分析，从未来发展的导向出发，找到员工能力开发的机会，并且及时和针对性地给予绩效辅导，从而为企业的未来可持续发展持续赋能。员工在工作实际当中碰到的问题，往往会产生强烈的开发需求，此时，直接上司就需要针对性地给予员工绩效辅导。这种绩效辅导的结果不仅可能解决当前发现的一些问题，更重要的是直接上司的知识与经验能传递给员工，从而使员工的能力得到提升。区别于授课这样的开发方式，包括绩效辅导在内的战略性绩效开发方式的效果会更好。因为当员工产生内在的开发需求时，直接上司和员工就会有着解决问题的共同指向，这样既解决过程中的问题，也能促进员工能力的提升。

四、战略性绩效管理、绩效考核与薪酬管理

战略性绩效管理是一个复杂的系统工程，理论界与实践界对绩效管理概念的理解大相径庭，甚至不少文献往往将绩效管理与绩效考核作为同一个概念去理解。但从战略性绩效管理理论角度看，绩效管理与绩效考核都有着本质的区别，绩效管理比绩效考核的内涵与外延要丰富很多。相较于绩效考核，绩效评价更接近绩效管理的未来导向性、战略敏捷性和过程持续性。尽管绩效评价与绩效考核之间存在一致性，但二者还是存在着本质的区别。绩效评价贯穿于绩效管理的全过程，而绩效考核只是绩效评价的阶段性方法。

尽管战略性绩效管理、绩效考核与薪酬管理在内容上有一定的交叉，但三者之间无论在理念上，还是在操作上，都存在较大的不同。战略性绩效管理与传统的绩效考核有本质区别。尽管做好绩效管理十分困难，影响绩效管理的因素很多，但绩效管理再难推行，企业也要推行，因为它关系到企业能否持续发展。同时，战略性绩效管理是一个动态的过程，是一个持续改进的过程，不可能一蹴而就，也不可能一劳永逸。而且，战略性绩效管理不只是人力资源部的事情，它是全公司内部管理的基础，需要各个层次的部门、员工共同参与才能取得理想的效果。战略性绩效管理是对员

工的一种帮助而非责备，它不是为了淘汰员工，而是为了淘汰不符合企业战略、价值观、文化、公司制度的行为。

绩效管理关注管理过程，而绩效考核则关注过程中的阶段性结果。如同我们要学习一门课程，绩效管理类似于我们上课或学习这一个持续的过程，绩效考核则类似于我们在某一时间上要参加的课程考试。从这个意义上讲，绩效管理强调上课或学习的质量，绩效考核关注考试的分数或是否通过了考试。学习更多地强调实现学习目标的一个持续过程，是每时每刻需要做的事。而考试可能是在几个小时内做的一件事，是一项间断性的工作。如果我们只是为了考试，那么教师就不会认真教学，学生也就不会认真听课，甚至教师很少上课或放任学生，那么就很难达成好的学习质量和效果。例如，年度绩效考核就是企业在人力资源部门的组织下，在年终的某个时间进行的一年一度的考核，是间断性的。而绩效管理则是持续性的，是企业从年初到年终，甚至是在企业长期发展阶段，所有部门以及所有管理者每时每刻都需要做的一项持续性工作。绩效管理克服了绩效考核的短期性，对于战略更具长期意义。

绩效管理强调其与战略的持续衔接，而绩效考核可能会诱导员工过多地关注自身的薪酬所得。绩效管理与企业战略有着本质上的关联，不仅绩效指标来源于战略澄清，而且存在于绩效管理的一系列活动中，特别强调绩效行为与战略的持续一致性。绩效考核与薪酬管理有着一定的关系（刘淑玲，2008），但由于绩效考核注重一个过程性的事后结果，因而很容易引导员工为了考核分数或薪酬而工作。对薪酬的过多关注也会使员工缺乏职业安全感，使员工忘记企业的战略，甚至会强化员工之间的恶性竞争，使部门之间的协同存在障碍。实践中有一种现象，每个员工都很忙，甚至大部分员工的考核结果达标，但企业的绩效却没有达标。可能的原因是这些员工只是为了考核结果或薪酬而忙，为了考核分数而工作，而不是为了企业战略而付诸行动。

绩效管理强调未来导向，而绩效考核是过去导向。未来导向强调从过去的经历中总结经验，并不断地实现经验的迭代、绩效的改进与员工能力的提升。过去导向的绩效考核如同秋后算账，不仅会导致上下级部门之间、员工与直接上司之间产生对立，也会导致同级部门之间、员工与员工之间产生隔阂。假如某一员工远未达到考核要求，得到的考核分数是 50 分。一种绩效考核的可能情形是，人力资源部门的管理人员将这位员工的数据代入绩效计划设定的绩效考核公式，得到了 50 分的考核结果，然后将这个考核结果代入绩效杠杆公式，算出员工应增发或减发的奖金。如果缺少了绩效辅导等必要环节，这种秋后算账式的管理就违背了绩效管理的初衷。

反之，秉持战略性绩效管理的情形则是，针对这个成绩，这位员工的直接上司与该员工一起来分析导致绩效不佳的原因，寻求绩效改进与能力提升的对策措施，并采用适当的方式鼓励该员工，提出下一个阶段的期望与奋斗目标。实施战略性绩效管理的结果很可能是这位员工在下一个阶段的考核结果只提升到了 70 分，这个考核分数尽管看起来并不高，但有了进步和提升，这时，直接上司依然要鼓励他的进步，并辅导他使他进一步成功。在这样的绩效管理过程中，员工与直接上司相互支持并相互鼓励，促进员工不断取得一次又一次进步，这就是战略性绩效管理的未来导向逻辑。绩效管理不是过分地关注员工过去做得怎么样，而是特别强调面向未来，追求不断进步。尽管绩效管理也关注到员工过去的绩效数据，但更强调基于过去的绩效数据做分析，实施迭代经验，致力于不断地引导员工在未来去改进绩效和提升能力，这才是战略性绩效管理应有的行动逻辑。

绩效考核关注结果和过去，它甚至与绩效管理存在理念和效果上的本质区别，或是与绩效管理的初衷相互排斥。尽管如此，无论是绩效管理或绩效考核，还是薪酬管理等人力资源管理职能，都应面向并支撑企业的战略。战略性薪酬管理是指通过制定合理的薪酬策略和激励机制，来激发员工的积极性和工作动力，从而支撑战略目标实现的管理过程。绩效管理与薪酬管理都是实现战略目标的管理工具，两者存在一定的交集。这些交集主要体现在绩效薪酬领域，绩效薪酬旨在激发员工的积极性和工作动力。

但实践中，企业应尽量弱化绩效考核与薪酬管理之间直接的关联。如果将绩效考核与薪酬管理直接关联，那就会影响绩效薪酬对于激发员工积极性与创造力的激励效果。神经学专家麦克里恩（1970）提出了"三脑理论"，认为人脑有本能脑、情绪脑和大脑皮层脑三种物理脑系统。当本能脑感到不安全时,人的情绪脑和大脑皮层脑则无法开启,而大脑皮层脑才是负责创造力发挥的大脑系统。如果企业将绩效管理等同于绩效考核,或是将绩效考核直接关联到薪酬管理过程中,那员工就会由于缺乏安全感,而不能充分发挥创造力。

第四节 本章小结

战略成功取决于正确的战略制定和正确的战略执行。战略性绩效管理承接战略制定、战略部署和战略澄清,是战略执行的重要内容和机制。战略部署旨在将制定的正确战略转化为正确的行动计划,战略澄清则将企业的战略目标及其愿景、使命、行动计划进行进一步明确和沟通。战略性绩效管理是对企业、团队、岗位及员工"要实施哪些正确行动""如何正确地实施行动"进行有效澄清与落实的过程。

战略管理强调对企业商业环境的动态分析及其对正确战略的有效执行。然而,传统的绩效管理模式因缺乏全局的战略视野,已无法适应快速变化和不确定性的商业环境。战略性绩效管理赋予了绩效管理的战略视野,强调整个绩效管理过程与企业整体战略目标之间紧密而动态的一致性,更能使企业适应其当前面临的快速变化和不确定性的商业环境。战略性绩效管理具有动态性、外向性、灵活性、适应性和敏捷性,敏捷性的绩效计划、绩效执行、绩效复盘及数据应用等战略性绩效管理过程成为战略执行的有效支撑。

战略性绩效识别是通过有效的战略澄清,得到由企业、团队、岗位到个体的绩效指标之间上下对齐、左右对齐和时空对齐的战略性绩效指标体系的持续过程。它对绩效指标赋予权重并制定对应的绩效目标值,据此监测各层面的员工行为及结果以收集数据,从而得到上述各个层面的绩效评价结果。

战略性绩效开发极具未来导向,它旨在从过去的绩效中查漏补缺、总结经验,并及时和有针对性地给予绩效辅导,不断地实现经验的迭代和员工能力的提升。战略性绩效评价强调其与战略的持续衔接,其贯穿于绩效管理的全过程。而绩效考核关注绩效评价的评价分数可能会诱导员工过多地关注自身的薪酬所得。绩效管理强调未来导向，而绩效考核是过去导向。战略性绩效管理的敏捷性，要求企业需要根据企业的战略演变和环境变化，对绩效指标体系及其管理体系进行不断的优化设计与实施。

第二章 理论基础
CHAPTER 02

第一节 战略性绩效管理的商业逻辑

一、战略绩效的商业逻辑

哈佛商学院教授卡普兰和复兴全球战略公司总裁诺顿创立了平衡计分卡（balanced score card，BSC）的理论框架（Kaplan & Norton，1992）。该理论框架认为企业可以围绕战略，从财务、顾客、内部运营和学习成长四个维度来平衡地设定企业的绩效指标和目标（周省时，2013）。以制造企业为例，企业要赚钱，钱是怎么赚来的呢？钱是从顾客的腰包里掏出来的，顾客为什么要掏钱给企业？因为企业生产出了顾客认为有价值的产品。那产品是如何生产出来的呢？产品是依靠人力生产出来的。通俗地讲，产品由企业员工生产，只有员工生产的产品对顾客有价值，顾客才愿意去购买产品。这样一个过程下来，企业就离赚钱很近了。从流程管理看，企业要思考其真正服务的对象是谁，因为流程是面向顾客的。只有企业生产的产品对顾客有价值，他才愿意购买企业的产品。

平衡计分卡是对传统绩效管理机制的反思（Kaplan & Norton，2001），它将企业的战略展开为财务、顾客、内部运营和学习成长四个重要维度，并倡导这四个重要维度领域（陈一君等，2020）细分为若干关键成功因素（key success factors，KSF）或关键绩效领域（Key Performance Area，KPA）。进一步，平衡计分卡倡导将这些 KSF 或 KPA（许丹等，2010）用箭头连接起来，就可以绘制出战略地图（strategy maps，SM）。理论界从企业全局的这四个维度，分别对财务会计、市场营销、生产运营、人力资源或创新管理等专业领域进行了大量的研究，实践界也有不少情境化的探索（安娜等，2020）。战略地图的四个维度彼此支撑、互相关联，员工的学习成长推动企业内部的运营管理和创新，实现客户价值，并最终实现企业的财务目标和股东价值。图2-1列示了某企业战略地图。

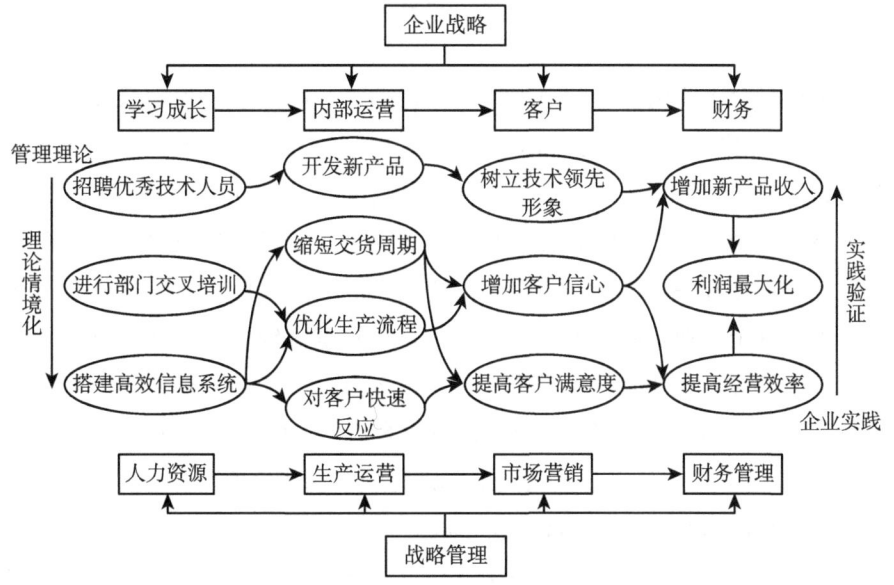

图 2-1　某企业战略地图

企业可以通过财务、客户、内部运营、学习、成长这四大维度，去思考和寻找企业战略中需要改进和提升之处。图 2-1 中，该企业财务维度的关键成功因素（KSF）具体分为增加新产品收入、提高经营效率、追求利润最大化三个方面，这三个方面就是做好财务需要抓好的三件事，这三件事也是企业财务层面的关键绩效领域（KPA）。换言之，该企业要想将财务管理做优秀，那么就需要抓好这三件事。同样，该企业运营维度的关键成功因素（KSF）具体分为开发新产品、缩短交货周期、优化生产流程和对客户作出快速反应。企业层面的其他关键成功领域也可以不断地细化，直至得到具体部门层面、岗位层面和个体层面的关键绩效领域。

图 2-1 中，使用箭头将该企业平衡计分卡的各个关键成功领域连接起

来，阐释它们之间的因果关系，绘制出企业的战略地图。换言之，战略地图既表征出企业的关键成功领域，也表征出各个关键成功领域之间的相互支撑关系（Kaplan & Norton，1996）。进一步，企业可以自上而下地演绎出部门层、岗位层和个人层的战略地图及其关键绩效领域，从而自下而上地形成由个人层、岗位层、部门层的战略地图对企业层的战略地图的逐级分解，以及个人层、岗位层、部门层的关键绩效领域对企业层的关键绩效领域的有效支撑。

平衡计分卡将财务维度视为结果，将顾客、内部运营和学习成长维度视为过程。顾客、内部运营和学习成长过程是财务结果的因，财务结果则是过程的果，二者形成一种水到渠成的因果关系（王艳艳，2011）。抽象地考察某一企业，如果它只看重赚钱，那这个企业可能最短视。一家企业在发展初期比较注重赚钱，没有什么特别大的问题，比较容易为公众所理解。如果这个企业发展壮大了，仍然一心只看重赚钱，那么该企业势必会遭到很多质疑。企业有必要关注顾客为什么会购买产品，将顾客价值转化为顾客对员工的价值主张，并自觉地以顾客价值主张（customer value proposition，CVP）来驱使自身及其员工真正为顾客创造价值。

顾客让渡价值（customer anticipated delivery value，CADV）是总顾客价值与顾客成本之差，总顾客价值（total customer value，TCV）是顾客期望从某一特定产品或服务中获得的一组利益，而总价值成本（total customer cost，TCC）则是在评估、获得和使用该产品或服务时引起的顾客的预期费用。通俗来讲，价值等于享受（顾客感知让渡价值，customer perceived delivery value，CPDV）减价格（TCC），也就是产品能为顾客带来的享受减掉顾客购买产品所需要支付的费用或价格之差（魏巍和卫海英，2011）。例如，一家制造一款价格为20万元的手表的企业，它是在制造什么呢？很显然，它不仅是制造一款计时器，因为顾客不需要花费20万元的巨资来购买一款只能计时的手表。那这款手表为什么能值20万元呢？因为该企业制造的不只是一个计时器，它制造出了一种"尊贵"，顾客佩戴这款手表绝不仅是为看时间，而是为让别人知道戴上这款手表的人有品位，显得"尊贵"。企业只有让顾客获得这种享受，才能使顾客愿意花20万元去购买这款手表。企业如果能从顾客心理出发，思考到底是要生产一种具有计时功能的普通手表，还是一种"尊贵"？相比于那些只在乎赚钱的企业，注重为顾客创造价值的企业的眼光更长远。这种"尊贵"就表示某款产品能为顾客带来的享受，这种享受减去该款产品的价格就能得到该款产品的顾客让渡价值（CADV）。

企业遵循从关注财务，到关注顾客价值，到关注内部运营质量，到关注学习成长的递进式演进逻辑。制造企业的顾客价值依附于其生产的产品，产品则是从车间生产而来。只看重钱的企业最短视，这类企业虽然能看到钱是来自顾客，但其也可能产生欺骗顾客的行为。真正注重顾客价值的企业绝不会欺骗顾客，而是秉承生产出能为顾客带来享受的理念来生产产品，这种理念能使企业看到产品质量的重要性。相较于只看到钱是来自顾客的企业，那些注重产品质量的企业眼光更长远。进一步，产品是怎么生产出来的？是依靠员工才能生产出来的。因此，最优秀的企业最看重的就是人才或人力资源，这类企业不仅生产高质量的产品，而且生产高质量的人才或人力资源。企业如果能看到人才或是人力资源的重要性，那么它才会具有持续竞争优势和非常大的发展潜力。

二、财务绩效的商业逻辑

企业不能只关注财务结果，而应兼顾财务结果背后的顾客价值、内部运营和学习成长等行为过程（张玉琴，2014）。但企业绩效最直接的衡量尺度还是利润，财务维度是企业模型的结果维度，它从资金流角度来描述一家企业财务绩效的商业逻辑。投资者最初将一笔资金投入企业，企业拿到这笔资金之后，最直接的目的是赚钱。因为一家企业不可能把投入的资金存在银行，而是要用这个钱去赚钱或获得财务结果。为了赚钱的目的，企业需要拿筹到的这笔钱去盖厂房或买设备。有了这些基本投入的厂房或设备后，企业就可以开始招人和投产。

企业投产之后，每天要做的事情可能会涉及买原材料，然后把原材料生产成产品，并把产品卖掉。企业卖掉产品之后，或直接拿到钱，或只拿到应收账款的权利，最后再回收这些应收账款，这样产品也就变成了钱。

从财务的绩效逻辑看,最初投入企业的是钱,在转了一圈儿之后又变成钱。之后,企业可以通过销售产品获得的钱去还银行贷款,或向股东分红(郑伟,2018)。从财务的绩效逻辑抽象地考察企业,企业都是从现金转了一圈,又回到现金的一个绩效形成过程,这个过程时刻在发生。制造企业与服务企业同样是在做这样的事情,二者并没有本质的区别。图2-2列示了某企业的杜邦财务分析体系示例,诠释了财务层面的关键绩效指标及其内在的商业逻辑。

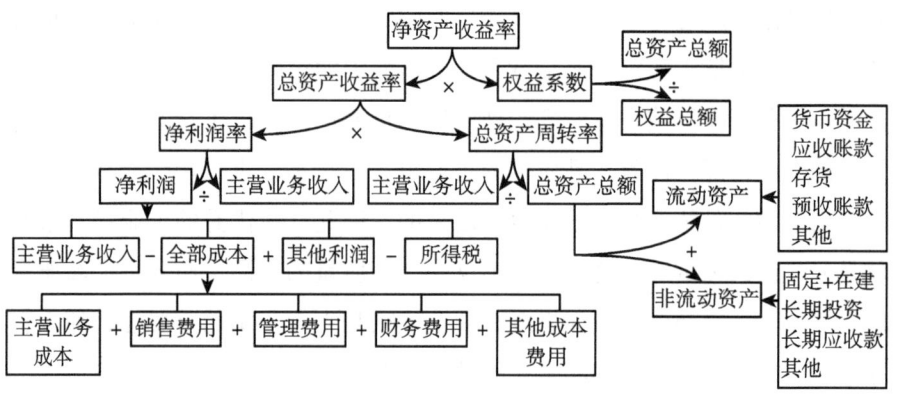

图2-2 某企业的杜邦财务分析体系示例

企业不断地重复一个从现金到现金的循环,这个循环周而复始,永不停息。一旦这个循环停下来,就意味着这家企业要关门了。企业在日常经营过程中,发生融资、经营和投资三项活动。一是融资活动。在最初设立企业时所需要的钱可能有股权投资和债权投资两种来源:股权投资是股东或者所有者提供的钱,如企业家自己、企业家的亲戚朋友或其他投资人投入的钱;债权投资是企业向别人借的钱,负债是企业从银行借到的钱。企业可以向债权人借钱,也可以向股东融资,这类活动就是融资活动。二是经营活动。包括购买原材料、生产产品、销售产品和回收货款或账款的活动。三是投资活动。企业可能要盖厂房和买设备,或是开发新产品时又要盖新厂房和买新设备,也可能会到一个新的地区去开展业务,会到其他地方盖厂房或买设备,甚至于投资入股到其他公司,这些活动即投资活动。资产负债表、利润表与现金流量表之间关系如图2-3所示。

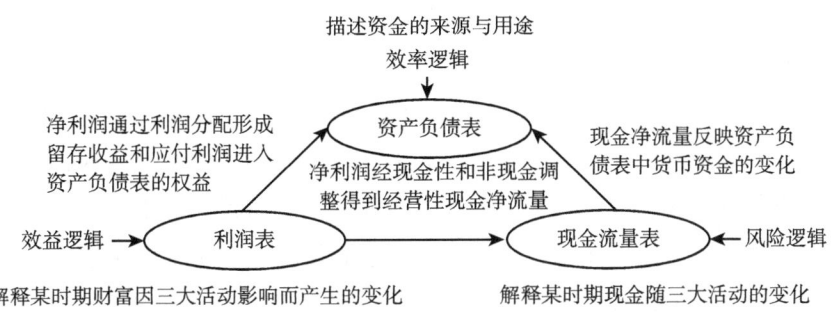

图 2-3 资产负债表、利润表与现金流量表关系

资产负债表主要表征企业经营的效率。一家企业设立之后最基本的要求不是赚更多的钱,而是考虑其最初投入的钱有没有被赔掉。管理者怎么才能知道这一点呢?财务上是使用资产负债表来描述,也就是描述企业最初投入的这些资金是不是还保持了原来的价值。资产负债表的左边罗列的是资产,右边罗列的是负债和股东权益。资产负债表的基本逻辑关系是,左边的资产等于右边的负债和股东权益之和,这个最基本的逻辑关系叫作会计恒等式。

利润表主要表征企业经营的效益。然而,开设企业的目的不只是为了不赔钱,而是为了赚更多的钱。投资人把钱投入企业,然后企业进行基础设施建设,建好了之后开始投产、买原材料、生产产品,最后销售产品和收款。在这个过程中,销售环节是让企业赚钱的最重要的环节,因为企业生产了再多的产品,如果不卖出去,就没有办法赚到钱。这个环节称为"惊险的一跃"。企业把产品卖出去时,企业就离赚钱很近了,但它不一定就能赚到钱。因为企业把东西卖掉时,或获得现金,或获得应收账款。但无论如何,企业获得收入,收入成为企业赚钱非常重要的基础。然而,企业要获得收入就要付出很多"代价",最直接的一个代价是把产品卖掉了,这些代价在会计上称为成本。企业还要给销售和管理人员发工资或支付水电费等,这些项目称作费用。利润表就是这样来描述企业的财务活动的(潘晓江,2016),管理者查看利润表,可以一目了然地看出企业是否赚到了钱。

除资产负债表和利润表之外,第三张报表是现金流量表,现金流量表主要表征企业经营的风险。现金是流动的,包括现金流入和现金流出,现金流入是企业收到的钱，现金流出则是企业付出去的钱。现金流量表描述的就是企业收到钱和付钱的情况，它是按照经营、投资和融资三类活动，对企业的现金流入和现金流出进行分类描述。在现金流量表上，针对经营、投资和融资三类活动都分别列出现金流入、现金流出和净现金流量。把所有的现金流入加起来，再把所有的现金流出加起来，然后将现金流入之和减去现金流出之和就是企业的现金净流量。现金净流量就是资产负债表上的现金，但现金流量表描述的是现金流入和现金流出在经营、投资、融资上的分布结构。现金流量表不仅描述现金的增减变化，还描述了现金增减变化的原因。现金流量表不仅描述了企业现金的来龙去脉，更描述了企业的风险状况。事实上，不同原因引起的现金流入或流出结构，具有不同的决策价值。

三、顾客绩效的商业逻辑

顾客维度是企业模型的第一个过程维度，它从价值流的角度，描述了一家企业顾客绩效的商业逻辑。奥斯特瓦德和皮尼厄（Osterwalder & Pigneur, 2014）阐述了商业画布模型，该模型以可视化图表描述一家企业如何识别、创造、传递和获取价值的基本原理。该模型认为，一些点子不足以构造一个完整的商业模式，闭环、清晰和完整的顾客价值逻辑才是决定企业成败的重要因素，因此，企业需要把运用商业模式的逻辑系统化（Thomas, 2001）。商业画布模型将商业模式分为九个关键要素，它们之间存在相互依存的密不可分的逻辑关系（王雪冬和董大海，2012）。其中，顾客细分、价值主张、渠道通路、客户关系和收入来源五个关键要素形成了顾客绩效逻辑的重要前端体系，顾客绩效逻辑的重要后端体系则包括关键业务、核心资源、重要合作和成本结构四个关键要素。商业画布模型阐释了企业顾客层面的关键绩效领域及其内在的商业逻辑，如图2-4所示。

第一个关键要素是客户细分。任何的顾客绩效逻辑要有一个非常清晰的主流目标客户群，客户细分既是顾客绩效逻辑的起点又是终点。客户细分是企业寻找目标客户及其目标客户群的过程。大多数企业有必要将目标

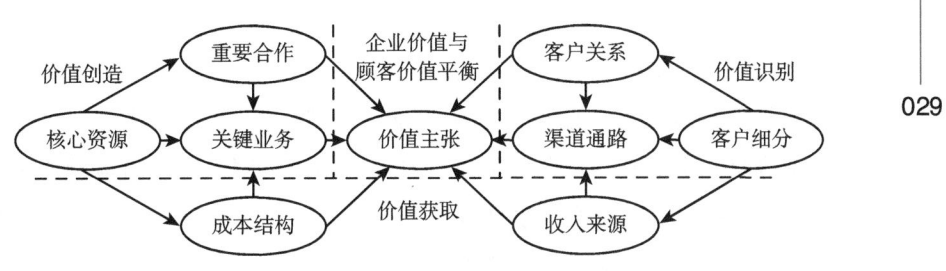

图 2-4 商业画布模型

市场进行细分，从中找到自己的目标客户，例如，从目标客户年龄或支付能力等维度进行细分。不好的市场细分是细分后的所有市场成了自己的目标市场，好的市场细分则是细分后去寻找有效市场，然后采取区隔化的一些营销策略。市场可分为双边和单边两类，其中，单边市场只有简单的买卖关系；双边则是企业搭建一个平台市场，但企业既不卖也不买。构建顾客绩效逻辑最重要的是选择目标客户群，且围绕目标客户群精准地分析出客户痛点。

第二个关键要素是价值主张。价值主张用来描述为特定的客户去创造价值的策略、产品和服务，它是顾客绩效逻辑的灵魂，也就是客户购买或者使用商品的理由。一些尝鲜爱好者购买和使用一些高科技产品，他们是感觉自己站在了潮流前沿。如果一些消费者购买的是商品的性能，企业就需要在性能方面赢得他们的信任。企业唯有将价值主张牢牢地指向客户的性质和痛点，并区别于竞争对手进行有效的差异化运营，才有可能真正为企业带来利润。企业要使顾客价值主张成为其实际职责，赋予其团队以方向感和使命感，以外部顾客价值来主张内部的运作，这蕴含流程管理与团队管理的逻辑。

第三个关键要素是渠道通路。渠道通路是一家企业如何接触目标客户群，把自己的产品和服务交付出去。企业要将自己的好产品最终卖出去或交付出去，就必须管理好自己独特的渠道通路系统。渠道通路分为个人消费者和政企客户两个面向。面向个人消费者的渠道体系，包括自营店面、App 客户端、网站、智慧终端、微信、服务号或者订阅号等；合作渠道包括全国连锁经营代理商、特约代理、异业联盟、网页、搜索引擎、微商、社群营销和"网红"营销等。企业要根据产品的特点和目标客户群的需求来构建自己的渠道（Amit & Zott, 2001）。如果企业是面向政企客户的渠道体系，包括大型企业、电信运营商、大型银行等，企业通常是安排团队对应地服务这类客户群。如果面向中型客户，那么企业通常就要安排金融业、制造业、建筑业、教育行业等不同行业的营销团队，来对应地服务这类客户群。如果企业是面向小型客户，那么企业通常要通过战略联盟、代理商、电话营销等方式，来对这类客户群进行服务。

第四个关键要素是客户关系。客户关系是企业与目标客户群以及客户彼此之间构建起的关系，包括选择个人助理、顾问和教练、专属会员和共创等方式。毕竟，企业只有与客户建立良好的关系，才能最终赚到钱。

第五个关键要素是收入来源。收入来源是顾客绩效逻辑前端的最后一个要素，就是企业最终怎么赚钱。归根结底企业是为了赚钱，顾客绩效逻辑的起点和终点一定来自客户的机会。企业应从客户机会出发，分析对应的顾客价值主张，把价值交付出去，并为客户所接受。企业要把价值交付出去，就要通过建立渠道通路与客户建立关系，才能赚到钱，由此赚到的钱就是企业收入来源。

第六个关键要素是核心资源。顾客绩效落地离不开关键经营因素，商业模式本质要求企业锁定一些核心资源。所谓核心资源，是企业让顾客绩效逻辑有效运转的各种最重要资源，如人力、资金、渠道、生产、原材料、数据、知识或者版权、品牌或合作关系等。企业要根据自身的生命周期和外部环境，整合自己所需要的核心资源，从而形成自身的核心竞争优势。

第七个关键要素是关键业务。关键业务锁定是为使顾客绩效逻辑前面的六个要素能有序地运作，企业所必须做到的最重要的事情。首席运营官负责关键业务，包括产品的开发与制造、客户服务、数据创新、平台运营、技术研发、融资、团队招募、客户关系管理和人才队伍建设等。企业要想做好自己，就不能仅仅是将产品打造成"爆款"，更重要的是锁住核心资源，做好关键业务。企业所有运营的努力就体现在关键业务这个过程，企业要根据自身发展阶段，持续地做好关键经营活动。

第八个关键要素是重要合作。重要伙伴是让整个顾客绩效逻辑有效以及运营所需的合作伙伴，企业的顾客绩效逻辑处于特定的产业生态链中，必然涉及企业上下游的协同和协作。今天的商业世界，时刻发生着产业链的高度跨界、融合和交织。所有商家最迫切的需求是能快速地迭代更新，这都需要与竞争者进行范围、价格、意愿、联盟、竞合和生态等合作，从而形成既竞争又合作的竞合关系。

第九个关键要素是成本结构。成本结构是对企业每一笔钱的杠杆化运营，它描述运营一个顾客绩效逻辑引发的所有成本，就是企业的钱是怎么花的？成本结构是保障营销、生产、技术、版权、运营、财务、研发和人力等活动的资源成本，体现了一家企业的管理水平、风险能力和核心竞争力。成本结构和收入来源总称为盈利模式，如广告、租赁设计、交易佣金、会员费和授权费等，企业的盈利模式标识了企业如何获取收益的逻辑。

综上，一家企业在构思顾客绩效逻辑时，首先要有明晰的目标客户、明确的价值主张、完备的渠道通路、可靠的客户关系以及可持续的盈利模式（Shafer & Smith，2005）。然后，围绕战略部署关键业务，锁住关键资源，很好地整合重要合作关系，同时保障上述活动有钱花（成本结构），这就是比较完备的顾客绩效逻辑（商业模式）。同时，顾客绩效逻辑具有动态性，当一家企业急需找到产品新方向的资金时，当一家企业有一个创意却不够产品化时，或当一家企业有产品已上市却销售不佳时，企业需要重新构建自己的顾客绩效逻辑（Shafers & Under，2005）。

四、内部运营绩效的商业逻辑

内部运营维度是企业模型的第二个过程维度，是从信息流和价值流的角度描述一家企业内部运营绩效的商业逻辑。精益管理可追溯至丰田的精益生产方式，其早期被称为精益生产。之后理论界和实践界将精益管理从生产领域提升到精益思想。"精益"直译的意思是精练并有效益，企业通过发现、识别、消除企业的浪费、波动和僵化等表现，使企业在精益理念下的所有业务都最终给客户带来价值（龙昀光等，2018）。精益管理是将精益的理念、原则、方法与工具应用于组织日常管理，它试图从全价值链角度来改善其所有的运营活动，从而达到优化资源配置，以最少的资源实现客户价值的过程。精益强调端到端，初始端是客户需求，末端则是产品或服务，从初始端到末端形成一个闭环的全价值链（江志斌和周利平，2017）。在推进精益过程中，如果搞局部或点式的改善活动，那么对企业的全局贡献不大，因为这种局部改善或效率提升很可能会给企业整体造成浪费。精益管理不能仅在生产系统去做，还应将之扩展到响应并实现顾客需求（Elkington，1994）。如果企业不从战略角度去进行精益管理，那么很有可能虎头蛇尾，最后不了了之。丰田的精益生产方式阐释了运营层面的关键绩效领域及其内在的商业逻辑，如图2-5所示。

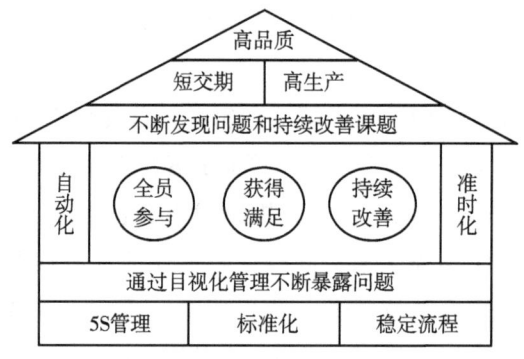

图2-5　丰田精益生产方式

全球制造模式经历了手工制造、大规模制造、精益制造和模块化制造四个发展阶段。以汽车制造业为例。最早期的汽车制造是根据个人需求定制生产个性化产品，但这种模式最大的问题是成本高，成本高就会导致价格高，所以只有有钱人才能买得起汽车。之后，福特汽车提出一个口号，就是要制造出能让普通人也买得起的汽车。于是，汽车制造进入大规模制造阶段，就是用机器生产汽车，这使得生产汽车的成本大幅下降。尽管这种模式生产的汽车价格低，但缺乏个性，一条流水线出来的汽车都差不多。为此，从丰田汽车开始，汽车制造进入精益制造阶段。当时的丰田汽车生产模式主要有柔性生产线和多能工等典型做法。柔性生产线就是这条生产线上在一定时间内可以生产汽车，稍微切换一下，它就可以生产其他的产品。这种模式既发挥了大规模生产低成本的优势，又发挥了手工制造产品个性化的优势。

随着信息和交通技术的发展，模块化制造成为可能。在模块化制造时代，一家企业只生产自己擅长生产的某个零部件，其他的零部件通过外部采购从其他企业获得，由此也能组装出整车来。模块化制造之初，在一定程度上受信息和交通技术的制约，外部采购的供应商与本厂商的距离比较近，表现为地方产业集群的崛起。但模块化制造也有一定的局限性，生产成本的降低和产品质量的提高仍存在不少空间。随着信息和交通技术的日益发展，外部采购的供应商可能分布在全球不同国家和地区，这种采购表现为全球采购。由此进入地球村时代，"地球村"描述了信息和交通技术的便捷使得空间距离在时间上的大幅缩短。由此，汽车制造业进入模块化制造的高级阶段，也就是全球化制造。

精益管理以顾客价值为导向，强调企业始终以顾客价值作为自己工作的出发点和落脚点，同时围绕企业内部员工去做精益管理。精益管理不仅是为了节约成本或降本增效，节约成本、节能降耗和提高产品质量是一个结果，更重要的是要激发员工工作热情和培养人才，让员工在企业能有好的发展，让人人都成为企业的贡献者。持续提升业务管理绩效是以尊重人性，不断挑战和追求卓越为前提。精益管理强调企业生产的产品一定要在顾客需要的时间节点生产出来，如果提前生产出来，那就要放在仓库里去暂存，这会产生库存和浪费。企业生产的数量要符合顾客需要的时间，假设顾客只要100个产品，企业却生产了120个，剩下的20个产品只能放在仓库，这就造成了生产成本的增加。同时，企业生产产品的质量也要符合顾客需要，如果企业生产的产品不是顾客需要的产品，那顾客也不会为此付钱。

精益管理的第一个思想是价值，强调站在顾客的立场去审视企业的工作流程，每一个步骤、每一道工序是否都能产生价值。工作流程的重要思维是目标导向，以终为始。什么是以终为始？首先要考虑这个流程的客户是谁？其次要为客户创造什么价值？要实现这个价值，应该有什么样的输出结果？要得到这样的输出，再往上游去看，需要经过哪些过程、哪些交互以及需要输入哪些资源？围绕客户价值实现这样的目标导向，企业通过设计流程和开展工作，就不会盲目地为做而做。进一步，基于已确定的流程客户和价值，再从成本效率角度，考虑怎样通过流程进行过程的组织、协调，能够最快最好地实现客户价值目标。

精益管理的第二个思想是价值流，要求企业从接单到发货的整个价值链条都不能有浪费，要求企业不断地改善企业的物流、信息流和现金流。同时，强调需求拉动，要求企业生产的产品要适量。精益管理追求完美，要求企业在日常工作中不断地改进，目的是实现降本增效提质和缩短生产周期（Cua & Mckone，2001）。精益战略是把精益的理念和原则应用于战略管理的全过程以实现战略管理的高效率，它应用精益方法和工具来确保战略与运营的良好结合，不断提高执行力和企业绩效水平，使企业所有业务都给最终顾客带来更多价值保障，使战略目标落地，并使利益相关方满意，从而最终实现企业的有序经营。

精益管理体系包括精益目标、核心技术、最佳实践和支撑条件，涉及企业的方方面面，并不局限于某个点。精益管理的核心技术包括精益管理基础项目、精益多层级改善和精益人才育成三方面，它们分别由精益制度规范、标准基准和激励政策所支撑（Katayama & Bennett，1996）。制度规范是企业在推进精益管理过程中制定的符合企业现状的一些制度和规范；标准基准是开展精益核心基础的一个标识和指引；激励政策是企业给予推行精益改善的奖励支持。精益管理的最佳实践包括精益营销、设计、研发、排产、采购、物流、仓储、生产、能源、质量和安全等应用领域，这些应用领域构成了精益管理闭环（李士清和陈良猷，1995）。精益管理有精益财务和精益人力两大支柱，这两大支柱对整个精益管理起着支撑作用。精益管理的最终目标是实现企业所追求的永续卓越经营的目标。

五、学习成长绩效的商业逻辑

学习成长维度是企业模型的第三个过程维度。哈佛商学院教授葛雷纳提出了企业成长模型，该模型认为企业每个阶段都由前期演进和后期危机组成，其中的危机限制了企业向下一阶段的跃进，能否突破这些危机是企业能否达到成长目的的关键（刘辉，2015）。一家企业不断扩大的过程中，会遇到哪些危机，为什么产生这些危机，又怎么度过每次危机？图2-6给出了企业成长模型，该模型阐释了学习成长层面的关键绩效领域及其内在的演化逻辑。图2-6表明，随着企业年龄或时间推移，企业的规模越做越大，就会经历创业、目标化、规范化、流程化和再发展五个阶段。相应地，每一个阶段在向下一个阶段发展的过程中，可能会面临目标模糊、缺乏科学、官僚本位和缺乏增长四个危机，而且下一个发展阶段是化解上一个危机的策略。

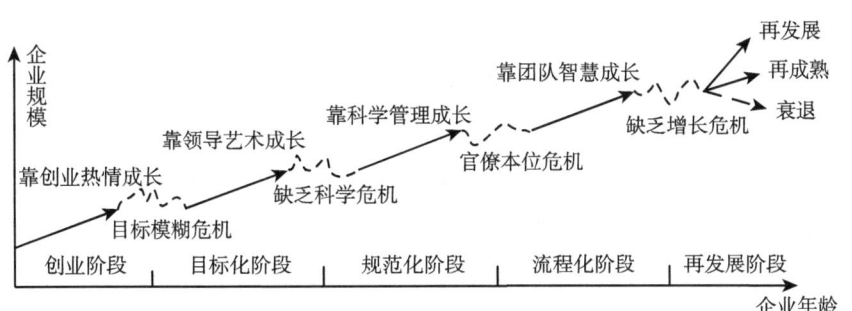

图2-6 企业成长模型示意

企业第一个发展阶段是创业阶段。在创业阶段，要好的几个人觉得做某一件事很有意义，大家一拍即合，就去创业或是注册一家企业。在这个阶段，创业者们不求回报，企业成长的动力是创业者们的一股热情。尽管他们不求回报，但他们为什么能够聚在一起？因为大家看好一个市场或者一个产品，觉得这件事情对社会很有意义，并且认同做这件事情很有意义，就聚到了一起，创办了一家企业。此时，创业者们有着内在的共同追求、理想和目标，形成了一股干事业的热情，这股热情有力地促进企业一步一步地往前走。在这个时候，创业者们平起平坐，谁擅长做什么，做好就是了，他们是不求回报的。大家凭的是一番热情来干事业，时刻想的是如何做好大家共同的事业。此时的企业并不盈利或盈利很少，因而大家也会把个人利益抛到脑后，不太会想到如何分配利润的问题。

企业面临的第一个危机是目标模糊危机。随着企业的不断成长，企业的规模不断扩大，可能会碰到目标模糊危机。之前在创业阶段中，大家平起平坐，干事业是凭着一股热情。当企业开始赚钱了，就会遇到"钱怎么使用或怎么分配"等一系列问题。于是，企业需要组织起来做类似的决策,也就迫切地需要产生一位领导者来作一些重要决策。但领导者的产生需要很多条件,如果这些条件达不到,就很难产生一位真正的领导者,企业也因此会遭遇目标模糊危机。此时,不是外部市场条件不好,而是因为企业内部矛盾使其走下坡路了。

在创业阶段的后期,能否产生出一位真正的领导者,是其能否度过目标模糊危机的条件。这位领导者通常需要具备三个条件。首先,这位领导者必须有管理能力,只有这样,他才有能力作出正确的决策。其次,这位领导者必须有意愿,有些有能力的人有脾气、有个性,他不一定有意愿担任领导者。最后,大家必须信服这位领导者。然而,产生一位这样的领导者,有一定的难度。有些人虽然有能力,也有意愿,但大家并不一定信服他,他也成为不了真正的领导者。于是,一家有市场前景的企业,就会在这个阶段走下坡路,甚至倒闭。如果某位领导者并未同时具备上述三个条件,就算产生了一位领导者,也不意味着企业就度过了目标模糊危机;反之,如果产生了同时具备上述三个条件的领导者,这个企业就会继续往前走,并由此进入下一个发展阶段。

企业第二个发展阶段是目标化阶段。综上所述,如果企业产生的领导者有能力、有热情、有意愿,而且大家又愿意信服他,这就意味着企业度过了目标模糊危机,也就顺利地进入目标化阶段。这个阶段表现出来的特征是,大家拧成一股绳跟着领导者做企业,靠着这种领导力推动企业继续往前走。此时,领导者说什么,大家都听得进去。领导者让大家怎么做,大家也会照着做。领导者大脑里谋划的战略与大家表现出的行为是一致的,推动企业往前走的是上下同欲和同心协力。目标化意味着大家目标很明确,唯领导者马首是瞻。当然,如果决策做得对,大家会跟着做;如果决策做错了,大家也会照着做。因为战略制定与战略执行存在一种互补关系,所以上述两种情况都有可能取得不错的效果。当然,此时的领导者也会广泛听取大家的决策建议,这不仅有助于制定正确的战略,也有助于保障正确的战略得到正确的执行。毕竟,在做事情之前,谁也难以确定所作的决策是否完全正确。尽管如此,如果大家有很多疑虑和矛盾,纠缠于要得到一个最佳的决策方案,那么可能会失去很多稍纵即逝的商机。正如西蒙所论,决策大多不是基于最优准则,而是基于满意准则的非理性决策。

企业面临的第二个危机是缺乏科学危机。在目标化阶段之初，凭借领导者的智慧和热情，以及领导者的广开言路和大家的齐心协力，企业作出了一个又一个正确的决策，也抓住了一个又一个难得的商机，并积累起许多的成功经验。但在目标化阶段的后期，领导者的权力欲有可能产生膨胀。之前，企业在作决策或是大家在讨论问题的时候，领导者通常会听取各方面的意见，最后领导者拍板并承担责任。也就是所有人来出选择题，而领导者来做选择题，也就是作决策。此时，领导者比较开明，善于倾听大家不同的意见，吸取大家的智慧，群策群力就集成一个大智慧。但到了后期，领导者的权力欲有可能膨胀，容不得别人说他的不是。领导者会想，当初正是因为我作出了正确的决策，才把企业做到今天的规模，企业才取得一个又一个的成功。然而，过去的成功可能是今后失败的原因，也就是出现"成功陷阱"或"幸存者偏差"。当然，如果领导者也可能为了维护自己的权威而有意否定一些正确的意见，那就涉及决策的伦理问题。毕竟，忠言逆耳利于行，一些不同的意见也许更有价值。出现上述现象就表明，企业碰到缺乏科学危机了，由此作出很多错误的决策，给企业的进一步发展带来了威胁。

缺乏科学危机的原因是领导者集所有权利和责任于一身，权利和责任没有分解，权责利也不明确或不对等，组织金字塔和决策参与机制都没有很好地建构起来。除了领导者之外的其他人都在一个平面上，此时的"唯马首是瞻"的"马首"就是一个人，他集所有权利和责任于一身。也许公司是设立了总经理、副总，以及中层或基层等职位等级，似乎建构了组织金字塔。但实际运作时，"事无巨小"仍然是由领导者一人说了算，那本质上企业并没有很好地建构起真正的组织金字塔。如果领导者沿用目标化阶段的管理作风，在企业规模扩张之后，没有针对性地建构起科学的决策体系，没有明晰地界定各层级的权责利关系，那么企业就会陷入缺乏科学危机。

企业第三个发展阶段是规范化阶段。解决缺乏科学危机的办法就是要把权责利界定清楚，真正地建构起组织金字塔和决策参与机制。如果企业克服了缺乏科学危机，那么企业将进入规范化管理阶段。规范化管理也可理解为制度管理，可追溯到科学管理理论，它要求企业建构起完善的组织金字塔、权责利体系和决策参与机制。制度管理的理念与精细化管理、精益管理和规范化管理等理念不谋而合，本质上都是科学管理的一些具体实践模式。对于人力资源管理领域的制度管理，就是要做好岗位价值评估、绩效管理指标量化和薪酬结构体系设计等，其中的核心制度是绩效管理制度。与绩效管理制度相配套，企业也需要把薪酬结构和薪酬阶梯搭建起来，目的是给人才以安全感，让人才看到自己的职业愿景，由安全感所带来的是人才的敬业度和忠诚度的提升。

为什么企业留不住人才？从薪酬管理制度角度来看，清晰合理的薪酬阶梯是留住人才的策略之一。如果企业没有这样的薪酬阶梯，那么企业中的人才就看不到清晰的愿景，从而缺乏安全感，很容易造成人才流失。薪酬阶梯带给人才的是清晰的职业发展前景和安全感，员工通过努力，其职位等级和绩效结果就可以由此不断攀升。清晰合理的薪酬阶梯是企业释放出来的一个清晰信号，它让人才不断地朝着高等级的职位等级和绩效结果去努力，其结果是促进人才与企业共同成长。企业要遵循梯次发展规律，通过判断自身所处的阶段及其可能遇到的问题，再有针对性地解决这些问题。尽管企业都有一定的人才流动性，但过度的人才流失就有问题。

如果企业面临着缺乏科学危机，那么它就应在战略澄清和职位分析的基础上，对人力资源管理制度进行精细化，包括完善业务流程体系、胜任力模型、绩效管理体系和薪酬结构体系等。业务流程体系旨在细化工作步骤，并落实责任部门。胜任力模型是开展绩效管理、招聘选拔和培训开发的基础工作。诸如这些，大部分国有企业做得很好，也反映出大部分国有企业已进入制度管理阶段。制度管理正是解决民营中小企业缺乏科学危机的一种办法，大部分民营企业可以针对性地学习国有企业的科学管理和制度管理方法，其中，绩效管理就是帮助民营中小企业度过缺乏科学危机的方法之一。

人力资源管理模式可分为盯人管理和制度管理两种模式。相较于盯人管理模式，企业用制度管理是将员工关进制度的笼子里，从而实现员工的自我管理和内在控制。从绩效管理制度来看，企业不是有了绩效指标就行，如果设计出来的都是一些定性指标，那很可能这样的制度或指标像是木笼子而不是铁笼子，因而其管理的效果十分有限。盯人管理模式成本很高，管理者盯住员工的时候，被管理者会表现出好的一面。但在被管理者没有被盯住的时候，被管理者的表现可能就无法保证。毕竟，企业在规模较小或是人数不多的阶段，管理者能盯住员工。但企业规模扩大或人数增多以后，管理者就很难盯住所有员工，此时就必须要借助制度来进行管理。

尽管制度在最初运行时通常阻力很大，但一旦制度处于良性运行阶段，制度运行起来就会很省力。一旦制度处于良性运行阶段，企业靠的是一张纸去管人，而不是靠人管人，从而降低了管理成本。而且，由于制度管理克服了主观因素，会使管理的效果更好。尽管制度管理有上述诸多优势，但制度在启动时会很费劲，因为任何一项制度设计对于个人而言，都会带来不确定性，所以谁也不太愿意让一个新的制度来管束自己。也因此一项新的制度设计需要高层下很大的决心，如果高层尚未下决心实施制度管理，那指望普通员工来支持一项新的制度改革通常不太可能。当然，制度本身的设计一定要科学和可行，也就是在制度管理实施之前要把制度设计好。如果高层下决心推行绩效管理制度，那么就要科学地设计绩效管理制度。当然，企业可以通过外包的方式来设计绩效管理制度，但外包方必须是能扎根本企业，兼具理论与实践的咨询专家。扎根精神、理论功底与情境化能力缺一不可。草率设计出来的制度方案，也许看起来很漂亮，说起来也很有激情，但最后这样的制度方案很可能只能放在橱窗里，得不到有效实施。如果企业度过了缺乏科学管理的危机，那么就将进入制度管理阶段。在制度管理阶段，企业有较为明确的权责利体系、薪酬阶梯和绩效管理体系等，由此，企业靠科学管理继续成长。

企业面临的第四个危机是本位危机。制造企业的产品是按流程生产出来的，流程的每一个环节分别对应不同的岗位和员工。假设每一个岗位都完成一个环节，如果每个岗位上的员工把自己负责的环节做好，最后就会生产出令顾客满意的产品。但如果其中某一个环节出现了问题，那最后的产品就会有问题，这种有问题的产品会使那些没做错的环节也变成了有问题。毕竟，企业生产的产品只有得到顾客认可后，顾客才可能购买企业的产品。一旦产品有问题，被顾客发现了，那么顾客就会直接否定产品，或者直接否定企业的整个生产流程。因此，企业应当将顾客对价值的整体认知，转化为流程上某一个环节的价值主张，明确各环节之间的关键绩效要求。由此，员工的行为既要受到直接上司这只"有形的手"的指挥，更要受到顾客价值主张这只"无形的手"的指挥，这是流程化阶段的基本逻辑。

企业第四个发展阶段是流程化阶段。在企业规范化发展阶段，员工只要做好岗位职责规定的事就可以了，这样很容易造成官僚本位危机。直接上司通过职位职权或企业制度来管理员工，称为有形的手。但实质上，岗位上的员工还应该时刻想到顾客需要我做些什么？顾客价值主张就像一双"无形的手"在指挥着员工。因此，企业要度过官僚本位危机，就应引导员工从顾客价值主张出发，做好岗位上的工作。企业既需要职位管理，又要求企业将顾客价值分拆成每个岗位上的顾客价值主张，进行价值链分析、流程管理和团队管理。

流程管理和团队管理的本质是打破组织壁垒，由于专业化分工和组织规模的不断变大，越来越多的部门出现了。由于纵向职能管理和本位主义，也就是我们常说的屁股决定脑袋，会使企业内部形成很多的部门墙。每一项工作先要在一个部门内部经过层级审批，然后再通过艰难地翻越部门之间的墙，才到达下一个部门，俗称爬墙式管理。在这种状态下，组织内部没有较强的客户导向意识。这个时候就需要引入流程管理，横向打破部门之间的墙，通过跨部门和跨岗位之间的协同，实现对客户的快速响应，由此形成企业级端到端流程再造。实践中，处于规则化阶段的中小型民营企业应该要注重完善制度管理，而处在官僚本位危机的大型国有企业则要加强流程管理。

企业面临的第五个危机是缺乏增长危机。自创立开始到此，企业已经经历了上述四个发展阶段并顺利地度过上述三个危机之后，已经经历了较长的一段时间。在这个较长的一段时间，企业面临的外部环境可能已经发生了很多的变化，行业发展周期也已经开始走下坡路了。此时，企业尤其会受到行业发展周期影响，面临着缺乏增长危机。如果不能再发展或继续成熟，那企业则有可能进入衰退的境地。反之，如果企业能再发展或继续成熟，实施创新、战略转型或二次创业，那企业则会度过缺乏增长危机，不断朝前发展。

第二节　战略性绩效管理的功能定位

战略性绩效管理旨在将企业战略有效地转化为员工行动。如果全体员工的行动与高层制定的战略之间不能持续地保持一致，那就不能保证制定的战略得到有效执行。绩效管理能有效地将问题消除在萌芽状态和工作过程中，使企业时刻保持对问题的警觉性，指引管理者在问题处于萌芽状态时及早发现问题，同时尽早实施解决问题的策略措施，并最终解决问题。战略性绩效管理面向未来，立足工作现场，是有效提升员工能力的重要方式。这种方式以直接上司为教练，以工作现场为教室，以过程中发现的问题为开发素材，使员工在工作过程中学习知识和技能。在战略性绩效管理过程中，管理团队以企业战略和绩效指标为指针，以绩效计划为标准，开展持续的绩效评价、考核、分析、复盘和审议，从而真正实现以数据驱动科学决策。

一、落实企业战略

战略性绩效管理的第一个功能是它能有效地将企业战略转化为员工行动。如果高层与员工之间方向一致，那么企业战略成功的可能性很大。首先，管理者通过企业战略澄清，设计与企业战略相一致的绩效指标体系，有效制定和执行与企业战略相一致的绩效计划。其次，管理者以绩效指标体系为收集数据的依据，通过数据分析，支撑管理者及时校准企业绩效、团队绩效、个人绩效与企业战略之间的偏差。上述绩效指标体系和绩效计划架起了企业战略与员工日常行为之间的沟通桥梁，使得绩效管理成为落实企业战略和保证企业目标的实现的重要载体，使员工行为能有效支持企业战略，也使得员工行为与企业战略之间持续地保持一致性（蓝海林，2015）。战略性绩效管理是各级管理者的核心工作，通过对绩效管理和评价，提高个人的工作能力和工作绩效，从而提高组织整体的工作效能，完善人力资源管理机制，最终实现企业的愿景、使命与战略目标。

战略性绩效管理的行动逻辑

如何有效地将企业战略转化为员工行动？平衡计分卡提供了有效的分析视角。平衡计分卡是一套从企业层、团队层、岗位层到个人层的梯次体系，为阐释战略性绩效管理的这一功能提供了一个有效的系统视角。平衡计分卡通过战略地图呈现出各关键成功因素之间的协同关系，并从战略地图的关键成功因素（KFS/KPA）出发，演绎出对应的关键绩效指标（KPI）。从企业、部门到岗位的平衡计分卡是一个自上而下的分解过程，并强调上下左右的各关键成功因素之间的协同关系，由此演绎出来的 KPI 指标就成了一个体系，为达成战略实施的上下同欲和左右对齐效果提供了重要的前提。平衡计分卡的战略管理流程如图 2-7 所示。

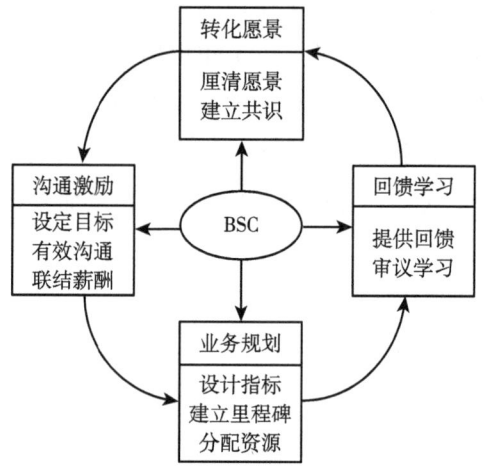

图 2-7 平衡计分卡的战略管理流程

二、解决绩效问题

战略性绩效管理的第二个功能是将绩效问题消除在管理的过程之中。战略性绩效执行过程就是持续收集数据，发现和澄清绩效问题，同时分析绩效问题产生的原因，并采取相应的对策措施来及时解决绩效问题的过程。从而将绩效问题消除在管理的过程之中。一切从实际出发，在解决问题的过程中解决问题，及时发现并解决过程中的绩效问题，对于提高企业的整体绩效具有重要的意义（吴晓云等，2010）。战略性绩效管理通过绩效计划、绩效执行、绩效评价与绩效复盘，改进并提高管理人员和员工的能力和成效，最终实现组织整体绩效的提升。

通常，产品是通过一些流程在价值链上生产出来的，每一个流程都有几个环节，每个环节有相关岗位对应。员工在岗位、流程和价值链上工作，最后生产出产品。在这个产品的生产过程中，如果所有环节在质量、时间或成本控制方面都没问题，那么生产出来的产成品肯定没问题，也会得到顾客的认可。如果产品能得到顾客的认可，相关的岗位就为企业创造了价值，企业就因此盈利。流程由投入、过程和结果三部分组成，流程本身主要可以控制的部分包括过程和结果。要想让流程合理、高效并达到目的，除了对其结果进行控制外，还需要对其过程中消耗的时间、花费的成本、可能产生的风险进行控制，才能保证流程最终促成企业关键成功因素的实现。因此，在对各主要业务流程进行分析时，主要应该从时间、成本、风险、结果四方面考虑是否需要对这些因素进行控制。

在企业实践中往往存在一些问题。一是企业接到客户的投诉说产品有问题，但不知道找谁，每个部门或每个人都说不是自己负责的范围；二是跨部门之间工作对接有重叠，由于重叠部分有冲突，各个部门都按照自己的流程走，谁也不服谁，都觉得自己对；三是市场部好不容易接到一个客户订单，但由于内部问题，交期一推再推，丢失了客户订单；四是企业花了人力、物力、财力开发并导入的一个系统，员工却抱怨不好用，不够人性化和智能化，争吵很激烈；五是集团总部不知道分公司或子公司整天在干什么，分公司或子公司却抱怨集团为了一点鸡毛蒜皮的小事也来做审计。这些问题都是因为流程管理得不到位，没有形成流程管理的闭环。如果企业能够把流程管理机制建立好，持续地监控，并根据反馈进行改进和优化，形成标准化，那这些问题都可以得到很好的解决。

流程管理有三个主要的任务。一是分解企业战略目标。流程管理解决的是怎么保证员工所做的工作符合企业的战略需求。首先要厘清企业的商业模式和业务模式，画出流程架构，把战略目标一层一层地分解到公司层、业务层、岗位层，甚至分解到活动层，再根据公司目标或最佳的实践去设定绩效指标，以便企业随时监控调整。二是建立企业的业务流程。业务流程不只是部门内部的业务流程，还包括横向的跨部门的端到端的流程。目前，大部分企业以这种纵向的职能部门来划分，随着跨越职能部门之间的协作越来越频繁，这种纵向方式的局限性也越来越明显。企业建立流程型组织，要以客户需求为出发点，建立端到端的价值链。横向的端到端的业务流程必须具体化、标准化。三是助力实现企业的运营目标，经过战略目标分解和业务流程标准化后，还有一个关键因素是人，因为再好的制度也需要人去执行。例如，怎么引导流程文化，怎么去宣传流程管理的理念，怎么保证员工按照既定的流程去执行，怎么去激发员工主动地改善流程。

假设生产某产品共有四个环节，如果某一个环节有问题，造成了产成品存在某些瑕疵。尽管其他的环节都是没问题的，但是因为其中的某一个或某几个环节有问题，就会导致产成品存在问题，得不到顾客的认可。而尽管大部分环节没有问题，但由于某一个环节有问题而造成产成品得不到顾客的认可，所以那些没有问题的环节事实上也是不创造价值的。包括没有问题的环节在内的所有生产环节上的员工，似乎都做了无用功。尽管整个流程因此并没有创造价值，但企业却为此付出了劳动力和材料等方面的成本。就像滚雪球一样，绩效问题一旦发生，它就会继续往流程或价值链的下游走。随着雪球往下游滚动，雪球会越滚越大，雪球的大小就是企业为此付出的成本或代价。为解决这个问题，管理者需要以绩效指标为指针，监测岗位上的人到底有没有把事情做好，一旦发现问题，就及时把这个问题消除掉，从而实现对问题的早发现、早解决。具体而言，管理者与员工一道以客户为导向，明确流程每一个环节的关键绩效要求，及时从绩效数据中发现并分析绩效问题及其产生的原因，据此及时采取相应的对策措施，从而实现在过程中及时解决绩效问题。

三、开发员工能力

战略性绩效管理的第三个功能是通过持续收集员工绩效数据，对照岗位胜任力模型，找到员工能力的差距以及能力开发的机会，并采取合适的开发方式，来提升员工胜任力。在绩效管理的过程中，管理者利用一些指标或观测点来监控岗位上员工的工作情况，包括员工需要完成的事情有哪些、事情做得如何、效果怎么样、员工能力上的差距如何等。在战略性绩效管理的过程中,实施员工能力开发的核心工作是战略性绩效辅导。试想一下,在工作实践中,有一个实践老师来帮你一起解决工作中的问题,那么这样的学习效果就会好很多。在绩效管理过程中,管理者和员工可以用绩效标准、绩效数据来监测工作中有没有问题,一旦发现问题,管理者和员工就一起来探讨怎么解决这些问题,这就是绩效辅导。绩效辅导既解决了过程中出现的问题,也有助于提升"干中学"的学习效果。

绩效辅导是培训开发员工或提升员工能力的一种最好的方式,又被称为在职培训。绩效辅导的场景是,员工在工作,管理者在管理。此时,直接上司就是老师,员工就是学生。在这种师徒制的工作现场,直接上司有什么好主意,就直接传授给员工,这种方式明显会优于上课的开发方式。在工作现场,员工碰到问题或需要别人帮助的时候,正好有人与他交流,那么学习效果就会好很多。战略性绩效辅导不仅可以帮助员工与管理者一起解决问题,而且员工与管理者在分析和探讨解决问题策略的过程中,可以实现对员工能力的开发。从这个意义上来看,企业可视为员工就读的大学,在企业这所大学里,绩效管理尤其是绩效辅导,承担着培养人才的功能,而管理者群体尤其是直接上司则充当了教师的角色。在企业这所大学里,教学相长,既及时解决了过程中的问题,也有效提升了师生的能力。

四、支持管理决策

战略性绩效管理的第四个功能是以绩效数据有效地支撑管理决策。管理团队在绩效执行过程中会收集大量的绩效数据,这些数据为科学决策提供支撑。战略性绩效管理的这一功能与大数据思维、数据驱动决策的模式不谋而合,管理者需要运行绩效分析工具,并通过绩效分析报告来有效地支撑相关管理决策。战略性绩效分析报告因服务的决策对象的不同,其分析的重点也应不同。分析者在做战略性绩效分析之前,先要去了解决策者的需要,不同层级的决策者需要的内容也不同。分析者要根据不同决策者的不同需要,量身定制地进行数据分析。

战略性绩效分析报告不是呈现数据及其结果,不能堆砌数据,而是通过数据的分析解读，使报告真正服务于企业决策。绩效分析报告要聚焦到发现和诊断经营管理或绩效管理中的问题，对问题的产生原因进行深层次的分析，并站在专业视角提出解决方案。管理者要坚持问题导向，不仅要提出问题解决方案，还要追踪这些解决措施落实的效果。战略性绩效分析报告要用管理者或决策者看得懂的语言来表达。因为决策者可能专长于技术、市场或业务，也许他们看不太懂一些专业的绩效管理术语。战略性绩效分析报告不是解释过去的绩效现象，而是要与战略执行、业务运营紧密关联。绩效分析的大部分数据是过去已经发生的业务，绩效分析最重要的是基于过去的数据预测未来。毕竟，能预测未来的分析报告，才能真正能对决策有支撑作用并对决策者有用。

第三节　战略性绩效管理的最佳实践

最佳战略性绩效管理实践具备协同性、体系性、实用性、规范性和过程性的特征。协同性既要求企业的绩效管理体系应与企业战略保持纵向协同，又要求各平行层级之间保持横向协同，还要求绩效管理体系与企业特定情境保持环境协同，并以纠错机制来确保绩效管理体系能不断适应企业的动态变革；体系性包括绩效指标的体系性、绩效管理过程的体系性和绩效数据应用的体系性；实用性包括绩效指标实用、绩效分析实用和绩效管理过程实用；规范性则包括绩效指标定量化和评价表格标准化；过程性要求企业的绩效指标体系既包括结果指标又包括过程指标，要求绩效数据来源于绩效管理全过程，并将绩效数据及其评价分析结果运用于绩效管理过程中。需要指出的是，没有放之四海皆准的真理，战略性绩效管理的最佳实践是对特定情境下实践的最佳解释和预测，但在不同情境下，需要对其进行情境化修正，这体现了战略性绩效管理的基本行动逻辑。

一、协同性

战略性绩效管理最佳实践的第一特征是协同性。首先，纵向协同。

最佳绩效管理通过对战略的澄清分解得到绩效指标体系，化企业整体的战略为员工一致的行动，从而在个人目标、部门目标、企业目标与企业战略之间建立起清晰的联系，这种联系是清晰而不是模糊的。这种联系不能仅停留在与战略有所联系的程度，更应形成清晰的直接联系，以使企业上下对齐并相互协同。战略性绩效管理能将企业的经营目标转化为详尽和可测量的标准，将企业宏观的营运目标细化到员工的具体工作职责。由此，用量化的指标来追踪跨部门和跨时段的绩效变化，帮助管理者及时发现问题，分析实际绩效表现达不到预期目标的原因，从而为企业经营决策和执行结果的有效性提供有效支持信息。这也体现了战略性绩效管理的基本行动逻辑。其次，横向协同。最佳绩效管理通过个人目标之间、部门目标之间、经营目标之间的对焦和对齐，对它们之间不一致之处进行持续校准，使各个平行目标之间相互协同，使企业左右对齐并相互协同。再其次，环境协同。最佳绩效管理实践不是照搬其他企业的经验和做法，其他企业的经验可能不适应本企业特定的情境，需要根据本企业的具体情况和文化特征进行修正和调适。最后，动态协同。针对绩效管理体系及过程要有一种纠错的机制，根据实际情况调整绩效指标体系、绩效计划及绩效执行过程，确保绩效管理体系不断适应战略调整、管理转型等方面的需要。

二、体系性

战略性绩效管理最佳实践的第二特征是体系性。首先，绩效指标的体系性。直接上司对直接下属拥有绩效评价和考核的权力，而这种绩效评价或考核结果在一定程度上影响着直接下属的晋升和薪酬。如果企业不制约直接上司的这些权力，那么很可能造成这种绩效评价或考核结果的主观性。企业可以通过量化绩效指标和申诉机制，尤其是形成压力机制等设计，来避免这种主观性。压力机制是直接上司的直接上司对直接上司的评价指标，与直接上司对直接下属的评价指标之间的方向一致，二者之间存在紧密的关联性，从而各个绩效指标共同组合为一个上下协同的体系。其次，绩效管理过程的体系性。绩效管理过程是包括前提条件、绩效计划、绩效执行、绩效复盘和数据应用五个环节的管理闭环，各环节之间关联的紧密度和清晰度都会影响绩效管理过程质量。最后，绩效数据应用的体系性。绩效数据产生并应用于绩效管理过程中，企业应将绩效执行过程中获取的数据应用于绩效辅导和问题分析，将绩效分析和评价得到的数据结果应用于绩效审议、绩效计划调整、能力开发和薪酬结构设计等绩效管理环节。

三、实用性

战略性绩效管理最佳实践的第三特征是实用性。首先，绩效指标实用。最佳绩效管理实践不要求绩效指标很完美，因为绩效指标与数据收集成本有关，收集数据要付出管理成本。如果针对一个绩效指标收集数据的管理成本较高，那还不如做一个便于收集数据的指标。这种因势利导的策略，也体现了战略性绩效管理的基本行动逻辑。企业在其他管理活动中产生大量数据，如果企业能尽量设计出能利用其他渠道获取数据的指标，这些指标可能更具实用性。其次，绩效分析实用。强调绩效指标的实效和可操作性，以易于执行作为指标设计的基本思路，而不必追求精细化。企业可以启动绩效实施为目的，在实际过程中逐步完善考核管理体系。绩效管理不以奖惩为考核目的，而是强调对员工的绩效改进和提升。最佳绩效管理强调问题导向，能从绩效数据中发现问题，分析问题发生的原因，给出能解决问题的实用性对策，并最终解决问题。最后，绩效管理过程实用。战略性绩效管理不看重过去做得怎么样，而是基于过去已发生的结果，来不断地改善企业未来的绩效，并持续提升员工的能力。

四、规范性

战略性绩效管理最佳实践的第四特征是规范性。首先，绩效指标定量化。绩效指标定量化既便于实际操作，也能降低评价者的主观性。有些指标只是看起来不能量化，实际中也是可以量化的。例如，针对制度化管理指标，企业可以用提交制度方案的时间来量化，方案提交时间越早，分数越高。上例中，假设3月底提交制度方案赋5分，7月提交就赋1分。对于态度类或行为类指标，可以再将之分级，同时对每个等级给予详细规范的定义。其次，绩效指标具有信度和效度。指标的信度就是衡量的可靠性，指标的效度是指有效性不受到污染或不存在缺陷。最后，评价表格标准化。在企业层面，应使用统一的绩效评价表格标准模板，不要经常变化表格模板，要让这一表格贯穿整个绩效管理过程。此外，绩效管理过程合法化。最佳绩效管理要求企业在避免"公司政治"等伦理问题的前提下，保障绩效管理体系的设计与实施符合国际规则、国家政策和企业制度。最佳绩效管理坚持公开性原则，要求企业让被评价者了解评价的程序、方法及评价结果等事宜，使评价有透明度。最佳绩效管理坚持客观性原则，管理者以设定的评价指标或工作表现为依据进行评价与考核，避免主观臆断和个人情感因素的影响。最佳绩效管理也坚持开放沟通原则，要求评价者与被评价者沟通，解决被评价者工作中存在的问题与不足。

五、过程性

最佳绩效管理实践的第五特征是过程性。战略性绩效管理既是名词又是动词，但其本质是动词，它是一个不断循环的递进过程。首先，在最佳绩效管理实践中，企业的绩效指标体系既包括结果指标又包括过程指标，从而特征、行为和结果三类指标构成完整的绩效指标体系。其次，在最佳绩效管理实践中，绩效数据来源于绩效管理全过程，并将绩效数据及其评价分析结果运用于绩效管理过程中。从绩效数据的来源看，直接上司可以从其他部门或相关方获取绩效数据来实施绩效评价或考核，但直接上司应选择性地使用这些数据，而不是机械地对数据进行加总。最后，最佳绩效管理实践要求企业基于对上一个周期的绩效结果的分析和审议，提出并有效地实施针对未来的具体的绩效改进和能力提升计划。企业制定公平的绩效指标体系和绩效计划，让员工参与到绩效管理全过程，并保障绩效执行过程能公平、公开和透明。

第四节　本章小结

企业可以围绕战略，从财务、顾客、内部运营和学习成长四个维度来平衡地设定企业战略目标或绩效目标，由此将企业层面的关键绩效领域细分得到具体部门层面、岗位层面和个体层面的关键绩效领域，绘制出具有因果关系的各个层面的战略地图。商业画布模型将商业模式分成了具有内在逻辑关系的九个关键要素，包括顾客细分、价值主张、渠道通路、客户关系、收入来源、关键业务、核心资源、重要合作和成本结构。精益管理的目的不仅是降本增效、节能降耗和提高产品质量，更重要的是激励员工和培养人才。企业成长通常会经历创业阶段、目标模糊危机阶段、目标化阶段、缺乏科学危机阶段、规范化管理阶段、本位危机阶段、流程化阶段和缺乏增长危机阶段等阶段。

战略性绩效管理旨在将企业战略有效地转化为员工行动，指引管理者在问题处于萌芽状态时及早发现问题，并最终解决问题。同时，管理者以过程中发现的问题为素材，帮助员工在工作过程中学习到知识和技能。管理团队将绩效管理过程中收集到的大量绩效数据应用于管理实践，使企业真正实现数据驱动科学决策。

理论上，最佳战略性绩效管理实践具有协同性、体系性、实用性、规范性和过程性等特征。协同性要求企业的绩效管理体系应与企业战略之间、绩效管理各平行层级之间、绩效管理体系与企业特定情境之间保持协同；体系性包括绩效指标的体系性、绩效管理过程的体系性和绩效数据应用的体系性；实用性包括绩效指标实用、绩效分析实用和绩效管理过程实用；规范性包括绩效指标定量化和评价表格标准化；过程性要求绩效指标体系既包括结果指标又包括过程指标，并将来源于绩效管理全过程的绩效数据及其评价分析结果运用于绩效管理过程中。但实践中，企业有必要将最佳的战略性绩效管理实践进行情境化修正，从而得到并实施最适合具体企业情境的战略性绩效管理体系。

第三章 战略性绩效管理行动过程

CHAPTER 03

战略性绩效管理的行动过程分为前提条件、绩效计划、绩效执行、绩效复盘和数据应用五个主要环节,这五个环节之间环环相扣、相辅相成。战略性绩效管理行动过程如图3-1所示。战略性绩效管理过程的质量不仅取决于做得最差的环节,也取决于各环节之间关联的紧密度和清晰度。如果缺失了某一环节,那么战略性绩效管理过程质量就会等于零。尽管各个环节都做得不错,但如果某些环节之间关联不紧密或联系不清晰,那么战

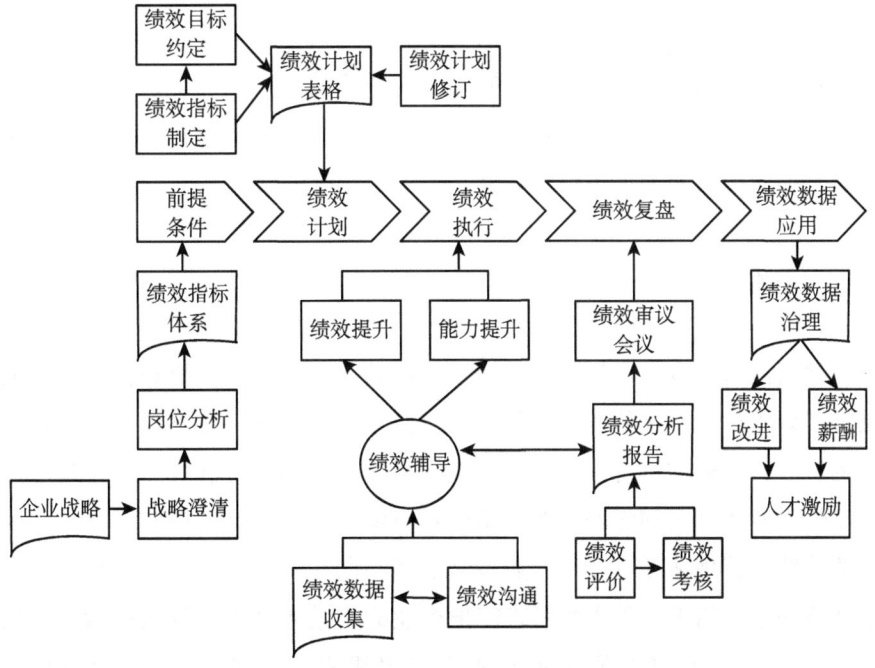

图3-1 战略性绩效管理行动过程示意

略性绩效管理过程的整体质量水平也会很低。例如，前提条件与绩效计划之间的关联不紧密，或绩效执行没按绩效计划进行，这都会大大降低绩效管理过程的整体质量。各环节之间仅有关联还不够，更需要有一种紧密和清晰的关联。将统一的一套战略性绩效指标体系及其绩效评价表格贯穿在战略性绩效管理的整个过程，有助于密切各环节之间的联系，从而建立起各环节之间清晰的联系。

第一节　前提条件

前提条件是战略性绩效管理过程的第一个环节，该环节具体包括战略澄清和岗位分析两项工作。虽然这些前提条件必不可少，但它们往往被理论界和实践界所忽略，从而造成绩效管理与企业战略脱节。这种战略脱节表现为，每个员工都很忙，但是最后忙的行为却可能偏离了企业战略。因此，前提条件是战略性绩效管理过程中必不可少的重要环节，它在建立绩效管理与企业战略、部门职能与岗位职责之间的清晰联系中，起着非常重要的作用。战略性绩效管理是需要将企业战略目标自上而下地层层发展和演绎，直至将企业战略目标转化为明确具体的个人绩效目标，从而将使绩效管理与企业战略紧密地衔接起来。

一、战略澄清

战略澄清是有效实施战略性绩效管理的一个重要的前提条件，也是战略性绩效管理区别于传统绩效管理的重要特征。毕竟，战略是统领企业全局的轴心，企业的所有工作都应围绕战略展开（刘晓玲和戴力勇，2013）。战略性绩效管理更加强调企业战略的具体细化和落实，但在实际中，一些企业的绩效管理体系可能与企业战略之间的联系并不清晰，甚至存在与企业战略脱节的情形。不少教材未能把企业战略纳入绩效管理的范畴，更没有充分考虑在绩效管理与企业战略之间建立起清晰的联系（德鲁克，2008）。战略是顶天的，听起来有点像口号，战略到底是做什么？战略如

第三章 战略性绩效管理行动过程

何转化为员工行动？战略澄清就是对一家企业的使命和战略有清晰和充分的了解，澄清一家企业的战略到底是一个什么样的战略，从而将企业宏观的战略目标转化为能落地实施的具体目标的过程。

战略性绩效指标体系是从战略开始分解得到，具体怎么分解呢？平衡计分卡提供了一个可行的分析视角。平衡计分卡以战略地图来呈现各关键成功因素之间的协同关系，并由此演绎出对应的 KPI 指标。关键成功因素就是对企业战略具有重要贡献的业务领域（Kaplan & Norton，2008），这些业务领域需要落实到部门和个人。管理者利用 KPI 指标来监测部门和个人把这些业务领域相关业务做好，这表明战略目标与绩效指标之间存在内在的逻辑关系。

从战略性绩效管理的行动逻辑看，企业首先要将战略目标转化为具体的关键成功因素。关键成功因素是企业实现战略目标的关键领域，反映了企业所期望达到的目标，以及将企业的战略目标转化为明确的行动内容。在关键成功因素的基础上，企业应当确认关键绩效指标，每一个关键绩效指标都是某一个关键成功因素的最佳指示器，同时每一个关键成功因素必须至少有一个关键绩效指标来描述。从平衡计分卡角度看，财务面指标主要包括收入增长、收入结构、降低成本、提高生产率、资产的利用和投资战略等，客户面指标主要包括市场份额、老客户挽留率、新客户获得率、顾客满意度、从客户处获得的利润率等，内部运营指标包括短期的现有业务的改善和长远的产品和服务的革新等，学习和成长面指标则涉及员工的能力、信息系统能力、激励、授权与相互配合等。

战略澄清是一个逐级分解细化的过程，从而呈现出绩效指标自上而下的逻辑关系。首先，分析企业层面的关键成功因素及其对应的 KPI 指标；其次，将企业层面的关键成功因素及其对应的 KPI 指标分解细化得到部门层面的关键成功因素及其对应 KPI 指标；最后，将部门层面的关键成功因素及其对应 KPI 指标分解细化得到岗位层面的关键成功因素及其对应 KPI 指标。从企业、部门到岗位的平衡计分卡是一个自上而下的分解过程，并强调各关键成功因素之间的协同关系，而 KPI 指标又是由关键成功因素演绎出来的。由此，通过战略澄清得到的一些 KPI 指标就成了一个基于战略的指标体系，这套 KPI 指标体系为战略执行达成上下同欲和左右对齐的效果,提供了重要的前提。

二、岗位分析

战略性绩效管理的第二个前提条件是岗位分析。岗位分析是企业人力资源管理的基础领域,是企业开展人力资源规划、招聘选拔、培训开发、绩效管理、薪酬管理和劳动关系管理等人力资源管理活动的前置工作。为使绩效管理必须与企业战略建立起清晰的联系,在行动策略上,战略执行及其绩效管理势必要落实到岗位及其岗位上的人(王忠江,2006)。因此,岗位分析势必成为绩效管理的前提条件之一,势必成为设计岗位KPI指标的另一个可行思路。当然,KPI指标的设计方法除岗位分析和上述的战略澄清之外,还包括文化演绎、文献研究、行业借鉴、标杆学习、胜任力建模、流程分析、项目分析、扎根理论与实证检验等方法。在设计岗位KPI指标实践中,设计者往往需要将这些方法进行集成并加以综合运用。

传统上,岗位分析的产出文本是岗位说明书,这类岗位说明书通常包括岗位描述和岗位规范两大模块。岗位描述呈现的是岗位做什么事,其主要内容是岗位职责。岗位规范呈现的是什么样的人适合做这样的事,实际上表述的是任职资格方面的内容。实践中,企业的岗位说明书呈现的内容详略不一,详细一点的岗位说明书会包括岗位KPI指标等内容。适应人力资源管理精细化的需要,一些优秀的企业对岗位分析的内容进行了内涵扩展,形成了新的岗位分析思路。新的思路关注从岗位职责出发设计岗位工作流程,并从岗位规范出发构建岗位胜任力模型,甚至将岗位价值评估指标设计也纳入岗位分析的范畴。

无论是传统的岗位分析,还是现代的岗位分析,均有助于管理者进行岗位KPI指标的设计。简单的操作是,对照岗位说明书上的每一项岗位职责,从数量、质量、时间和成本四个维度,逐项地设计出对应的KPI指标。同时,对照岗位说明书上的岗位规范的每一项资格要求,逐条做出对应的胜任力指标。如果岗位说明书上已列示了KPI指标,管理者也可以参照上述方法进行优化。现代的岗位分析已经精细化,如果企业已有工作流程管理体系，由于流程管理是面向客户和用户的，那么管理者可以从流程的输入、过程和产出三个维度，或从时间、成本、风险和结果四方面设计KPI指标，还可以根据价值主张的思路，确定流程各环节的关键绩效要求，来设计KPI指标。同样，如果企业已有企业层的胜任力模型，管理者将企业层的胜任力模型，逐级推演部门层和岗位层的胜任力模型，并据此设计出岗位胜任力指标体系。

第二节　战略性绩效计划

战略性绩效计划是战略性绩效管理过程的第二个环节，该环节是战略性绩效管理过程前提条件的后续环节，也是战略性绩效执行的主要依据。一旦绩效计划制订出来，它就成为绩效执行和绩效评价的重要依据。战略性绩效计划包括绩效指标制定和绩效目标约定两项工作，主要基于战略澄清和岗位分析得到绩效指标，制订绩效计划并约定绩效目标。战略性绩效指标要进行清晰的定义，尽量量化，并形成体系。而战略性绩效目标则应具有挑战性，并且是直接上司与直接下属通过共创以形成共识的结果。

一、战略性绩效计划的内涵外延

战略性绩效计划需要做一系列动作，具有动词的意涵。绩效计划更重要的产出是绩效合约、绩效计划表、绩效考核表或绩效评价表等操作性文本。绩效计划过程具有动词的意涵，绩效计划具有名词的意涵。在实践中，作为名词的绩效计划表被不少企业称为绩效考核表，这样的表述和实践很可能与战略性绩效管理的最佳实践背道而驰。毕竟绩效计划表是建立战略性绩效管理过程各个环节之间清晰联系的重要载体，其运用应贯穿绩效管理的整个过程及其各个环节。整个绩效管理流程看似复杂，但最终成果是简单易操作的，通过相关表格就能有效实施绩效管理流程，绩效计划表或绩效评价表就是其中重要的表格。绩效评价持续贯穿绩效管理全过程，而绩效考核仅仅是阶段性的绩效评价的组成部分之一。将绩效计划表等同于绩效评价表，相对合适一些，可以视为在不同适应条件下的不同表述，其实质具有趋同性。绩效评价表势必贯穿于战略性绩效管理全过程，它不能仅仅应用于绩效考核，而是应运用于战略性绩效管理的全过程。

绩效管理与绩效考核有着本质区别，如果管理者将绩效计划表仅仅运用于绩效考核，那么就是把绩效计划的功能做小了。绩效计划是一项复杂的工作，因为企业要为此付出成本和代价，所以管理者应该把绩效计划表用到极致和最佳。实践中，绩效合约是绩效计划表一种表现形式，这映射出绩效计划表天然就具有契约精神。绩效计划表本质上是一个合同，是直接上司与直接下属签订的一个合同，其中的发约人是直接上司，受约人则是直接下属。尽管在拟订和签订绩效计划时，上司有一定的主导权，但绩效计划表是一个合同，因此直接上司是不能将合同强加于直接下属的。换言之，绩效合约的拟订和签订一定要秉承平等互利的契约原则，要双方签字认可，这也考验着管理者的沟通、分析与决策能力。

二、战略性绩效指标制定

战略性绩效计划第一个核心内容是关键绩效指标，关键绩效指标是对企业运作过程中关键成功因素的提炼和归纳。包括战略澄清和岗位分析的前提条件，为管理者把握绩效计划的重点和实际操作提供指向和依据。通过战略澄清和岗位分析得出的 KPI 指标体系和胜任力指标体系也成为绩效计划的核心内容（金文正和范松林，2016）。KPI 指标是绩效结果指标的主要表现，它表征了绩效责任主体应该做什么事，应该做到什么程度。胜任力指标是绩效行为指标的主要表现，表征了绩效责任主体的行为过程，也就是表征绩效责任主体应该具有什么样的胜任力，应该达到什么程度。KPI 指标和胜任力指标的定义，都应包括指标名称、对应权重、目标值、评价标准及数据来源等具体内容。KPI 指标和胜任力指标有助于企业尽早识别潜在问题、监控绩效目标的进展、确认绩效改进领域，并为组织、部门和个人提供反馈。战略导向 KPI 体系以企业战略为导向，以战略功能分析法为工具，通过对关键成功因素的分析，以系统的分析方法，对 KPI 进行有效整合，实现员工高绩效，并且使个人绩效与组织目标紧密结合。绩效计划里很重要的内容还应包括价值观指标，价值观指标是绩效行为指标的表现之一。实践中，价值观指标主要是针对态度方面的指标，企业可以单独做一个 360 度的方案，对这部分内容进行计划和评价。

绩效指标应与岗位相关。针对员工绩效管理的指标必须与特定员工所在的岗位有关，一般围绕数量、质量、时间和成本四个维度设计指标。例如，"提交客户需求分析报告"这一指标的数量就是提交几份报告或提供的报告是多少字，质量就是提交的报告内容是否科学，时间就是报告在相应的时间内完成，成本就是提交的报告相应耗费多少人力、金钱和资源等。以下提问有助于我们设计绩效指标，包括指标是否可信；是否有稳定的数据来源支持指标或数据构成；数据能否被操纵以使绩效看起来比实际更好或更糟；数据处理是否引起绩效指标计算得不准确；等等。

绩效指标应具体明确。具体明确的目标才具激励性，绩效指标的具体明确性就是指标要可量化，并尽量有一个量化的数学公式来定义。因为不可量化的指标不利于数据的收集和计算，也不利于客观地进行绩效评价或考核。可以使用以下几个问题来审视绩效指标的具体明确性，包括指标是否可理解；指标是否以通用商业语言定义；指标能否以简单明了的语言说明；指标是否有可能被评价者或被评价者所误解；等等。

绩效指标应可衡量且容易衡量。容易衡量与可衡量存在一定的区别。容易衡量意味着收集数据比较容易，成本较低。但可衡量的指标不一定容易衡量，因为一些可衡量的指标可能需要花费较多的成本。因此，在设计绩效指标时，管理者需要在指标的具体明确、可衡量与容易衡量之间做出权衡与选择。可以使用如下几个问题来审视绩效指标的可衡量和容易衡量性，包括指标是否可衡量；指标可以量化吗；指标是否有可信的衡量标准；指标是否可低成本获取；有关指标的数据是否可以直接从标准报表上获得；获取指标的成本是否高于其价值；指标是否可以定期衡量；等等。

绩效指标应有意义。即绩效指标存在改进空间，能指引被评价者努力的方向并为此采取努力的行动。可以使用以下几个问题来审视绩效指标的有意义性，包括指标是否可控制；对该指标的结果是否有直接的责任归属；绩效评价结果是否能够被基本控制；指标是否可实施；是否可以用行动来改进该指标的结果；员工是否明白应该采取何种行动对指标结果产生正面影响；指标是否与整体战略目标一致；指标是否与某个特定的战略目标相联系；指标承担者是否清楚企业的战略目标；指标承担者是否清楚该指标如何支持战略目标的实现；指标是否与整体绩效指标体系一致；指标是否和组织中上一层的指标相联系；指标是否和组织中下一层的指标相联系；等等。

绩效指标应是数量有限且重要。针对某一岗位的绩效指标一般5~7个即可，无须太多，且这些指标都应该是比较重要的（安娜，2016）。如果指标过多，那会导致时间、资源和资金的浪费。可以先将能想到的所有指标列出来，利用一些标准来甄选，从而从列举的指标中选择相对重要的5~7个指标。在得到这些指标后，需要分别赋予这些指标相应的权重，以体现它们之间相对重要性的程度。

三、战略性绩效目标约定

绩效计划第二个核心内容是绩效目标值。企业各级绩效目标的来源必须是战略目标，只有经过战略目标的层层分解，才能保证所有的部门和员工的努力方向与企业战略保持一致。企业的战略目标需要根据公司发展和环境的变化不断调整，在不同的发展时期有着不同的经营重点和绩效目标值，因此战略性绩效目标的制定需要顺势而为。而且，绩效目标值应与绩效指标相对应，绩效指标及其权重、目标值组成一个指标的操作性定义。绩效目标值应富有挑战性。挑战性与成就感、绩效目标相关联，绩效目标过高或过低，都会导致失去挑战性。比如，树上有三个苹果，一个触手可及的苹果对摘苹果的人没有挑战性，一个无论如何都无法摘下来的苹果对摘苹果的人也没有挑战性，一个通过努力能够取得的苹果，这对于摘苹果的人才有挑战性。没有经历挫折的成功，经历的人不会有成就感。如果不断经历挫折还是未取得成功，那就会产生挫折感，也不会有成就感。只有经历过努力并得到的结果，这样的目标才具有挑战性。经历了挫折后取得的成功才会被人珍惜，并产生成就感。

绩效目标的约定需要经过发约人与受约人的充分沟通，应该经受约人的认可，且双方能够达成共识，它不是发约人强加给受约人的目标（德鲁克，2019）。双方的一致利益是签署业绩合约的基础，发约人希望明确受约人的职责，受约人希望其业绩和薪酬有明确的考核标准，最终的目标一般是需要一定努力才能达到的挑战性目标。如果双方未达成共识，而是上级把指标强加于下属的，这很可能会打击下属履职工作的积极性。通过数据化和客观的数据使企业的整套绩效体系完全透明，每个主要部门均有明确的被考核指标，保证责、权、利的界定清晰，高层领导集中精力主要管理直接下属。但在必要时高层领导可以了解跨级下属的绩效表现，由此保证对问题的直接发现，并避免下属部门负责人对负面信息的隐瞒和对其下属人员的庇护。同时，约定的绩效目标是要给出完成目标的时间要求。发约人与受约人共同约定某一目标值需要在一定时间内完成，例如，在规定的时间内，受约人必须销售出一定量的产品。当然，随着时间的推移，管理者应根据战略目标对目标值进行适当的调整，使之能灵活应变地适应战略目标变化的需要。

虽然目标是直接上司与下属一起定出来的，不是依靠命令强行下达的，这说起来容易，但是做起来可能会有一些讨价还价的问题。怎么避免这个问题？实际上，只在绩效目标约定阶段不能完全解决这个问题，需要有一个系统思考才可以解决这个问题。怎样从系统上去解决这个问题？例如，A、B两个员工都是销售员，考核他们的指标是销售量。直接上司要分别给他们定季度目标，A比较有斗志，经过双方共同讨论，上司与A达成共识后确定了100万元的目标；B比较保守，经过讨价还价，上司与B沟通后确定了50万元的目标。

承接上述案例，在直接上司对下属考核时，A做到了70万元，B只做到了50万元。那么直接上司怎么给出评价分数？一种假设是按照完成率，A的目标是100万元，但只做到了70万元，那么A只能得70分；而B的目标是50万元，最后完成了50万元，那B可以得100分。很显然，这样的做法对A是不公平的，这种做法会引导员工去跟上司讨价还价，形成一种剑拔弩张的对立态势。另一种假设是按照完成的绝对值来考核，A 做到了 70 万元，B 完成了 50 万元。很显然，A 的分数必定比 B 要高，比如 A 为 70 分，B 为 50 分。对比来看，这一做法相对第一种做法对 A 和 B 都是比较公平的，更能有效地引导员工与上司一同制定出富有挑战性的目标，其激励的作用才是正向的。

四、战略性绩效计划修订

战略性绩效计划是计划的一种类型，计划最大的障碍是"计划不如变化快"。很多时候，企业做的计划到后面实施时，并不一定按照之前制订的计划来实施。制订计划在前，实施计划在后，这两个时间点不一样，在两个时间点之间，企业所处的环境可能发生变化。换言之，制订计划时所面临的环境是一个状态，执行计划时所面临的环境是另一个状态。为解决这个问题，可以使用滚动计划法。滚动计划法是将远期的计划做得粗略一些，将近期的计划做得精细一些。绩效计划的制订与执行可以并行进行，但也不宜频繁地修订绩效计划。这是计划的行动逻辑，也是战略性绩效计划修订的行动逻辑。同样，管理者需要在计划的刚性与柔性之间作出权衡、选择与取舍。

绩效计划修订是一个周期已经结束，在绩效管理进入下一个周期之前，企业需要重新制订计划，有些计划可能要调整一下，这就叫绩效计划的重新修订。一个计划已经实行了一个周期，一个周期过后有些情况可能发生了变化，有些指标可能要调整（姜洋和单良，2018）。当然，企业的战略可能也发生了变化，战略发生变化了，做的事就会不一样，因此原有的计划可能就需要调整与优化，需要对新的战略进行重新澄清。比如，从高中进入大学，我们就需要重新制定一些新的指标和新的学习计划。这种学习计划可以理解为一种绩效计划，不能沿用原来高中的计划。从高中过渡到大学，目标不同，学校不同，老师不同，课程不同，考试的方式也不同，这就要求必须对绩效计划或者说学习计划进行重新调整。其中，有些指标可以保留，有些指标需要去掉，有些指标要增加进来。在继承与调整之间进行取舍时，不可以把"婴儿和洗澡水同时倒掉了"。

第三节 战略性绩效执行

战略性绩效管理过程的第三个环节是战略性绩效执行。绩效计划最终以契约的形式呈现，绩效计划表就是直接上司与直接下属之间签订的一个绩效契约，具有契约精神。因此，在绩效契约签署之后，直接上司与直接下属需要一起来执行这份契约，这个环节叫作战略性绩效执行。绩效计划偏重名词的意涵，那绩效执行就更偏向动词的意涵。战略性绩效执行的重要工作包括收集绩效数据、实施绩效沟通和绩效辅导等，直接上司通常需要并行地实施这些工作。战略性绩效制度和方法只是一种引导，其关键在于管理者的执行运用和员工的认同，执行中的过程评价方法的选择应该尽量简单实用，避免复杂化。

一、绩效数据收集

战略性绩效执行环节的第一项工作是收集绩效数据。在大数据时代，数据对于管理决策的重要性更为凸显。战略性绩效管理同样体现出大数据的思维，管理者只有基于数据，才能进行针对性的绩效辅导，并作出科学的决策。绩效数据来源于绩效管理全过程，尤其是来源于绩效执行环节。尽管员工的绩效数据主要来源于直接上司，但这些绩效数据也可以来源于上级、同事、下级、本人和客户等相关方，称为360度绩效数据来源。来源于上述各个渠道的数据，有必要通过直接上司的筛选、处理和整合之后，才应用于绩效管理决策。企业应该赋予管理者一定的对绩效数据利用的裁量权。例如，员工在上周迟到了3次，本周迟到了1次，如果机械地按照考勤制度，每迟到1次要罚款10元，那么就该罚款40元。但为鼓励员工的进步，企业应授予直接上司对数据的筛选、处理和整合等权限，直接上司对员工的罚款可以少于40元。如果直接上司机械地计算数据结果，那么既不利于发挥管理者的作用，也不利于员工改进工作态度。毕竟，战略性绩效管理的导向是重视绩效管理过程、业绩改进和能力提升。

不同的绩效监控表呈报给不同的管理者，监控表的内容就是企业开发出来的KPI。企业可以建立信息系统，由各级管理者根据相应的权限查阅相应的绩效监控表格。战略性绩效管理强调各级管理者的参与和管理责任，明确绩效管理是各级管理者的主要责任和工作。人力资源委员会主要负责绩效框架和政策、高层绩效评价、中层绩效评价调整。高层管理者主要负责对直属中层绩效进行评价，对管理线内员工的申诉进行处理。人力资源管理部门主要负责绩效管理相关制度和流程设计、组织实施绩效评价、申诉员工、资料处理、绩效管理相关资料管理、绩效评估结果应用等。中层管理者则主要负责直接下属的绩效诊断、绩效目标、绩效辅导和绩效评价等具体的绩效管理工作。企业绩效执行关联方关系如图3-2所示。图3-2中，人力资源管理部门负责绩效执行过程的组织，申诉委员会负责受理因员工对一级申诉不满意而提起的二级申诉，如图3-2中曲线所示。

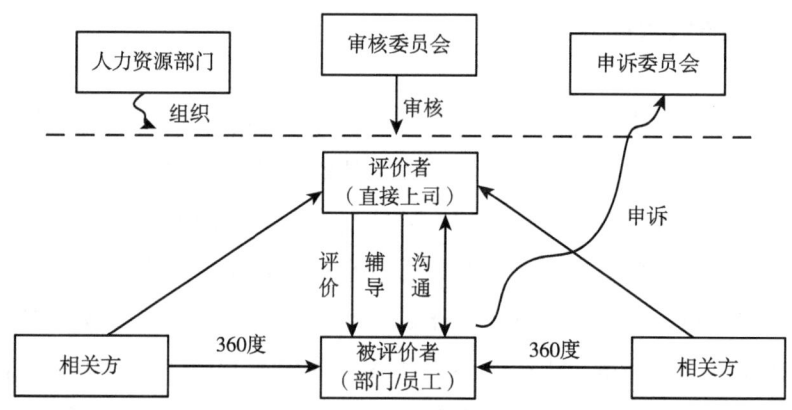

图3-2　企业绩效执行关联方关系示意

二、战略性绩效沟通

战略性绩效执行环节的第二项工作是绩效沟通。绩效沟通是获取数据的一种方式，收集的数据也为进一步地深入沟通提供指向。顾客是决定企业利润的重要因素，基层员工直接面对顾客，其更容易得到最真实和最重要的顾客需求信息。但相较于基层,高层拥有较大的权力来作很多决策,但其很难直接接触到一线信息。如果这些信息没有传递到位,会造成信息的不对称,进而导致高层因缺乏最真实和最重要的信息而作出一些错误的决策。因此,要解决基层一线和顾客的信息向上传递的问题。直接面对顾客的是基层员工,而高层一般是很少能直接接触到顾客。很显然,高层在作决策时,必须充分掌握和考虑顾客的信息。但由于高层很难接触到顾客,而顾客是决定企业利润的重要因素。

因此,管理者必须设计一种机制,将正确的一线信息从下面逐级地传递上去,以正确的信息来支持高层作出正确的和真正服务于顾客的科学决策。绩效沟通是战略性绩效执行环节的重要工作。执行初期,管理者需要确认绩效标准和评价方式。执行期间,管理者需要建立并保持相适应的各种畅通的沟通渠道,及时与下属交流意见,以畅通地获取正确的一线信息。执行后,管理者需要按照组织规定与被评价者正式面谈,就评价结果及其原因、成绩与问题及改进措施进行沟通。同样,绩效沟通应贯穿在绩效管理的全过程。

绩效沟通是一种自上而下和自下而上相结合的双向沟通模式,而不是单一的自上而下的单向沟通模式。一些积极的员工会主动向管理者沟通反馈,但有些员工可能不会主动地向管理者沟通反馈。当员工不主动向管理者沟通反馈时,管理者就要主动地去观察员工的表现,主动与员工进行沟通。因为人都有一个盲区,员工有时会觉得没必要向管理者沟通反馈。但对于管理者来讲,他最需要得到员工掌握的信息。尽管一些话可能不太好听,但这些信息可能更客观,对当事人也有益。

实践中,当事人往往不太愿意听一些意见,更多的可能是讲一些表扬或悦耳的话。但这些表扬或悦耳的信息可能不客观,这些不客观的信息不利于决策者作出正确的决策。人都要有一定的修养,能够把别人讲的坏话听进去,也许这里面会有一些重要的信息,而这些信息将十分有用。当然,当事人需要在客观信息与主观情感之间把握一个平衡。常用的批评模式就像一个三明治,上面一层是表扬,中间层来一个批评,下面一层再表扬。这样做,可能对当事人来说,是比较容易接受一些,能使他不经意地把意见听进去。如果上来就是一个批评,大部分人听到会觉得很没面子,产生抵触情绪。如果员工有所抵触，他就听不进去批评，从而很难达到应有的批评效果。

直接上司也有必要通过沟通反馈来强化员工的积极行为。管理者可能靠钱来激励，但是在工作过程中的表扬也很重要，这种表扬是一种正向的激励。如果员工做得对，但没得到表扬，那么他的积极性就不能及时地被激发出来。因此，正向激励一定要及时。批评是一种反向激励，同样要及时。如果员工犯了错，但因为管理者管理不仔细，没有了解到这些信息，而员工等了多时却没有受到批评，他就认为领导不知道，也就没有犯错的内疚。如果员工犯了错，管理者没有及时发现或员工没有受到批评，这就传递给员工一个被认可的信息。一旦被认可，就会提高员工多次犯同样错误的可能性。这也反映出管理者可能没有及时收集数据，或是工作做得不够细致。

三、战略性绩效辅导

战略性绩效执行环节的第三项工作是绩效辅导。根据能级原理，职位越高的人能力更强，而职位越低的人能力则相对较弱。然而，一线员工能更直接地接触到顾客，顾客决定着企业利润。职位高的人能力更强，但他们直接接触顾客的机会却很少。一线员工直接面对顾客的机会很多，他们对顾客的服务能力将直接影响顾客价值。例如，在一家超市里，顾客可能不太会知道该超市的老板是谁，但顾客却能经常接触到一线员工。换言之，真正直面顾客的是一线员工，而不是企业的高层领导者。一线员工能直接了解顾客需求，他们的服务质量将决定顾客满意度和忠诚度。而高层入职时的能力比较强，之后又有更多的参观学习、外出培训或出国考察等机会，自然而然他们的能力就更强了，但他们的能力不一定能直接作用于顾客以发挥作用。因此，有必要将职位高的人的能力逐级地往下传递到一线员工，使一线员工有能力更好地服务好顾客，从而更好地服务好企业的利润。

那么如何才能实现能力的逐级传递？绩效辅导就是实现能力逐级传递的一种工作方式。在战略性绩效管理最佳实践中，直接上司通过绩效辅导，针对工作过程中发现的问题，与员工共同探讨和解决问题，实现职位高的人的能力逐级地传递到一线员工的过程（赵日磊，2009）。为了解决工作中出现的问题，员工要将问题向直接上司反馈，与直接上司进行坦诚的沟通交流，寻求解决问题的对策。为了把工作做得更好，如果员工有不懂的地方，那他就可以向直接上司寻求改进绩效和提升能力的思路与方法。而且，无论是解决绩效问题、推进绩效改进，还是促进员工能力提升，都需要直接上司提供足够的资源支持。这时，管理者需要遵循授权的一些基本步骤和原则，尤其要做到"授权不授责"，妥善地承担起对员工的绩效辅导责任。"巧妇难为无米之炊"，如果绩效问题需要员工来解决，但却得不到相应的资源支持，那么绩效问题就很难得到根本解决。相对于直接下属，直接上司是掌握更多资源或是更能争取到资源的人，因而直接上司要为员工提供足够的资源，以帮助员工解决工作中的问题。

第四节　战略性绩效复盘

战略性绩效管理过程的第四个环节是战略性绩效复盘。该环节是绩效计划和绩效执行的后续环节，也是达成绩效计划的执行效果的必要保障。绩效计划和绩效执行是绩效复盘的主要依据，必要时，可以同时进行绩效执行和绩效复盘。在绩效执行环节中的复盘被称为过程性复盘，在绩效执行环节后的复盘被称为结果性复盘，而结合到战略澄清的复盘则被称为战略性复盘（吴华明和林峰，2013）。通常，绩效复盘环节包括绩效评价、绩效考核、撰写绩效分析报告和召开绩效审议会议等主要工作，这些环节相互联系，构成了战略性绩效复盘的主要内容。同样，绩效复盘应贯穿于战略性绩效管理的全过程。

一、战略性绩效评价

战略性绩效复盘环节的第一项工作是持续性地实施绩效评价。绩效评价是服务于战略目标及其绩效管理目标,其贯穿于绩效管理的全过程,绩效评价本质上是一个持续的过程性(李志远和王雪方,2014)。与绩效评价不同,绩效考核则偏重服务薪酬激励,只是涉及绩效管理的部分环节,本质上具有周期性。当然,考虑到数据的可得性和管理成本,绩效评价和绩效考核都会设定一定的周期。但绩效评价的频率要比绩效考核高,尤其是在日益变动的环境,绩效评价的频率将更高。绩效评价要以绩效计划为准绳,以绩效数据为依据。绩效评价依赖绩效计划表中的绩效指标、指标权重、目标值与评价标准,以及绩效执行过程中所获取的绩效数据,将绩效数据代入绩效定义的公式就可得到绩效评价结果。战略性绩效评价过程如图3-3所示。

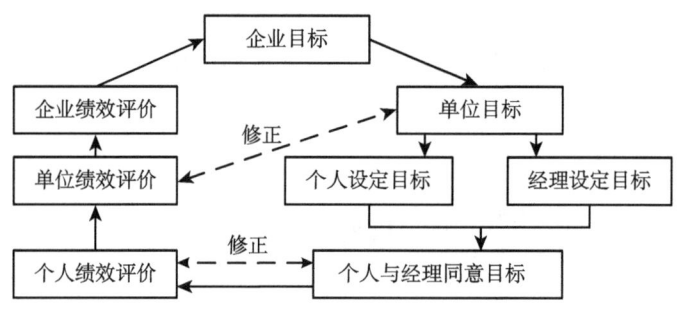

图3-3 战略性绩效评价过程示意

评价结果为优秀等级的员工通常表现为,工作绩效始终超越本职位常规标准要求,在规定的时间之前完成任务,完成任务的数量、质量等明显超出规定的标准,以及得到来自客户的高度评价。评价结果为良好等级的员工通常表现为,工作绩效经常超出本职位常规标准要求,严格按照规定的时间完成任务并经常提前完成任务,经常在数量、质量上超出规定的标准,客户满意。评价结果为中等等级的员工通常表现为,工作绩效经常维持或偶尔超出本职位常规标准要求,基本达到规定的时间、数量和质量等标准,没有客户不满意。评价结果为合格等级的员工通常表现为,工作绩效基本维持或偶尔未达到本职位常规标准要求,偶有小的疏漏,有时在时间、数量、质量上达不到规定的标准,偶尔有客户的投诉。评价结果为不合格等级的员工通常表现为,工作绩效显著低于常规本职位正常工作标准的要求,工作中出现大的失误,或在时间、数量、质量上达不到规定的标准，经常突击完成任务，经常有投诉发生。

员工的绩效数据可能来源于各个相关方，包括上级、同事、下级、本人和客户等，称为360度绩效数据来源。实践中，不少企业称之为360度绩效考核或360度绩效评价，这是一个不妥的表述。在绩效指标之间形成压力机制的前提下，企业应赋予直接上司对员工绩效数据进行去伪存真的一定裁量权。根据量化指标获取的数据在一定程度上避免了数据的主观性，但来源于360度的绩效数据很可能带有主观性。主观性的一个重要表现是，不同评价者针对同一被评价者在同一维度的数据之间存在分歧，数据来自各个不同的渠道，不同评价者有不同的意见，导致对同一被评价者的评价结论可能不一样，甚至相反。企业要有一个权重确定机制，直接上司考虑各方数据的重要性之后，对绩效数据处理、筛选、取舍和选择，再将这些绩效数据运用于绩效评价中。

在实践中，管理者不是将各种来源数据机械地汇总成一个总分，也不是直接将其作为绩效评价的依据，而是必须经过直接上司的上述处理才用到被评价者的分数上，具体处理方式要根据数据的应用领域而定。如果把360度绩效数据应用于员工开发，那么还是把匿名的原始数据直接提供给员工比较好。而且，最好原原本本地把所有的数据都提供给员工，让员工能够感觉到各个不同的主体对自己是一个什么样的看法，这样做能使员工开发更全面客观。如果把360度绩效数据应用于绩效考核或薪酬激励，那么原始数据必须经由直接上司处理后再使用，这样比较稳妥。将原始数据处理的权限交给直接上司，有助于直接上司有效地实施绩效管理行动。

二、战略性绩效考核

战略性绩效复盘环节的第二项工作是周期性地实施绩效考核。绩效考核通常发生在绩效执行的环节之后，经历本周期的绩效执行，借助绩效考核过程对本周期的绩效结果打一个分数，这项工作叫作绩效考核。绩效考核通常是周期性的，其周期一般为月度、季度、半年度和年度等。周期的长短应尽可能与岗位性质、岗位级别相匹配。通常,在绩效计划时,直接上司会为员工每个绩效维度的指标赋予一个权重,而在合并计算绩效分数时,直接上司则要将员工在每个绩效维度上的得分进行加权合并计算。为使绩效评价有意义,给予员工的总体评价应当包括绩效总分和绩效评语。甚至描述性的绩效评语有可能比数字形式的绩效总分对被评价者的激励作用更强。

虽然根据量化指标获取的数据在一定程度上避免了数据的主观性,但来源于各个渠道的量化数据也需要汇集到直接上司处,再由直接上司进行数据调整或处理,由他决定某些数据到底用不用或怎么用。假设企业规定每迟到1次扣5分,某一员工在上个月迟到了3次,本月甚至下个月都未出现迟到的情况。碰到这种情况,直接上司可以对其采取少扣分或不扣分的方式来调整数据,没必要对数据进行机械地加总。采取这种方式,能更好地激励员工进步。

当然,如果员工不愿意或没有能力解决绩效问题,企业可能要采取一些惩戒措施,如口头警告、书面警告,甚至解雇。实施惩戒时,企业要清晰地传递其实施惩戒的理由,对事不对人。但员工不愿意或没有能力解决绩效问题,也可能是绩效标准本身不公平或者不切实际,如果根据一个错误方案对员工实施惩戒,那么对员工也是不公平的。当然,惩戒也有可能因为员工与主管之间产生了情绪化反应,或者主管不懂制度细则,不恰当地使用惩戒予以报复。企业在解雇员工时,要尊重员工,并期待员工有更好的未来。

三、战略性绩效分析报告

战略性绩效复盘环节的第三项工作是定期和不定期地形成绩效分析报告。绩效分析报告可以理解为动词和名词,动词意义上的绩效分析报告是指绩效管理过程中持续的绩效分析及其报告、绩效反馈、沟通、复盘和审议等工作,名词意义上的绩效分析报告就是通过上述工作得到的有关绩效分析的书面文案。绩效分析要使用经营管理思维,坚持问题导向。绩效分析报告至少包含如下四个环节，这四个环节之间相辅相成，相得益彰。一是呈现绩效现状，绩效分析报告不能堆砌数据，而是要突出重点。绩效分析报告要抓住重要的关键问题，要适应报告使用者的需求，把问题分析透，把建议讲清楚，从而为管理者解决问题提供重要且有价值的信息。绩效分析者到其他业务部门轮岗也是帮助其熟悉业务的重要方法，因为他们对业务越熟悉，与业务部门的沟通和交流越充分，做出来的绩效分析报告才会更有价值。二是诊断绩效问题，从数据找到异常点，切中要害。绩效分析者不应在办公室里闭门造车，而应深入一线去熟悉业务，要与业务部门人员进行沟通，了解事实的真相。三是聚焦绩效问题，分析问题产生的原因。四是针对问题产生的原因，提出解决绩效问题的整改建议和方案。管理者要遵循管理闭环和绩效管理持续性原则，对分析报告中提出的问题与对策要进行持续的追踪反馈，而且对绩效管理中出现的问题要反复抓，从而持续地落实整改方案。

四、战略性绩效审议会议

战略性绩效复盘环节的第四项工作是适时召开绩效审议会议。绩效审议会议是在有关前提条件、绩效计划、绩效执行等绩效管理环节，以及绩效评价、绩效考核、绩效分析等前置绩效复盘工作的基础上，企业组织的总结过去和展望未来的一种正式会议。绩效审议会议贯穿于绩效管理的全过程，其既具有过程性又具有周期性。过程性的绩效审议会议内置于绩效执行环节中，周期性的绩效审议会议发生在绩效执行之后的绩效复盘环节。绩效审议会议通常是正式的面对面的线下会议，不是线上会议。因为线上会议容易忽略一些体态语言信息，而人在交流的时候，很多信息都包含在体态语言中。同时，非正式的绩效审议会议也应该是经常和持续性的，包括持续的绩效沟通、绩效反馈、绩效辅导、绩效分析等绩效审议。如果管理者在实际工作中发现了问题，觉得有必要时，就可以通过非正式会议的方式来进行绩效审议。战略性绩效审议过程如图3-4所示。

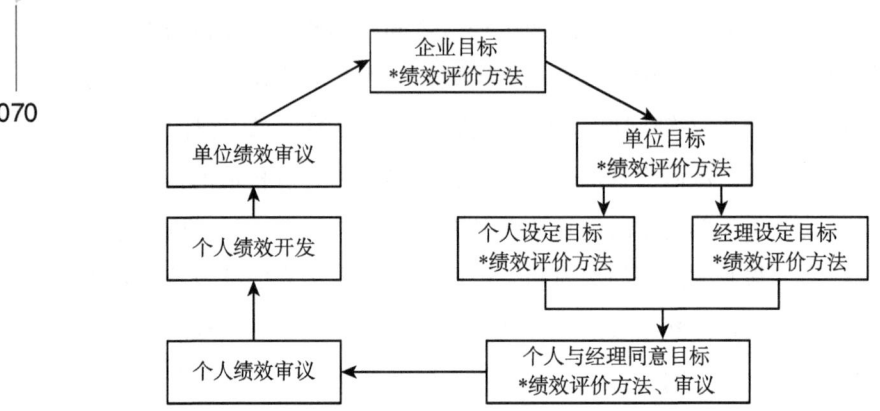

图3-4 战略性绩效审议过程示意

在正式的绩效审议会议上，直接上司与员工系统地总结过去的绩效怎么样，同时，考虑下一个周期准备弥补哪些方面的不足，哪些指标完成得不是太好，下一个阶段大家需要如何突破这些薄弱环节，以及突破这些薄弱环节的具体工作策略。审议会议不仅是关注过去，还要关注未来。关注过去就是审议过去的绩效怎么样，哪些地方完成得好，哪些地方没有完成，考虑未来或下一个阶段大家如何弥补这些薄弱的环节，怎么把工作做得更好。关注未来的绩效审议时，直接上司与员工一道制订绩效改进计划和能力开发计划。其中，绩效改进计划就是怎么把事做好的计划，能力开发计划就是怎么把员工能力提高的计划。

实践中，正式的绩效审议会议每年至少召开两次，其中一次专题讨论绩效和战略相关内容，另一次则专题讨论薪酬和利益相关的内容。这两次会议最好分别召开，否则容易造成冲突。而且，绩效审议会议也应按一定的原则来组织。首先，会议前主办方和参与方都要有充分的准备，尤其是要进行全方位的绩效分析，并形成绩效分析报告。在信息爆炸时代，大家面对各方面的信息，普遍会产生信息焦虑，如果让员工参加一些无准备的会议，那么员工可能会无所适从，并产生焦虑感。其次，要选择合适的主持人，主持人要聚焦主题、把握节奏，并营造好的会议气氛。最后，要防止团队迷思。所谓团队迷思，就是会议中权威人士抛出自己的观点，很可能会左右其他人的观点，导致他人附和，从而失去集体会议的广开言路和集思广益的好处。为此，主持人最好不要提前抛出观点，而是先抛出议题，接下来组织员工进行讨论，最后让领导进行总结，这在一定程度上能避免团队迷思。

第五节 绩效数据应用

战略性绩效管理过程的第五个环节是绩效数据应用。绩效数据是企业的重要资源，也是企业决策的重要依据，这是一种数据驱动决策的模式。绩效管理的重要目的是绩效改进和能力提升，这一目的的实现有赖于从绩效数据中发现绩效改进和能力提升的机会。绩效数据应用要与绩效执行、绩效复盘同时进行，绩效数据的产生、收集、分析和应用也是同时进行的工作。例如，在绩效执行环节中，管理者收集的绩效数据既可以应用于绩效执行环节中的绩效辅导，也可以应用于绩效复盘环节中的绩效评价、考核、分析和审议。绩效数据分为期间数据和期末数据。绩效管理过程会不断地产生绩效数据，包括元数据和加工后的数据，本书在前面的章节已较多地阐述了过程中的期间数据应用，由此，本节重点阐述绩效数据治理、绩效改进、绩效薪酬及其人才激励等决策中的应用。

一、绩效数据资产治理

绩效数据应用的领域之一是绩效数据资产治理。战略性绩效管理过程中会收集到很多数据，绩效数据是企业非常重要的数据资产，对绩效数据治理就是为了将之广泛地运用到企业实际业务决策中。然而，企业的数据往往存储于不同子部门，部门之间会存在一些业务竞争，导致数据运用时各自为政，难以呈现出来并加以应用。因此，需要懂得数据开发的人作为组织领导者来负责组织数据治理，让他们来与各部门去对接数据，把数据的价值挖掘出来。数据治理包括划分数据资产范围、数据采集、数据质量监控和数据应用等。元数据是描述数据的一个数据，包含技术、管理、业务和自定义四类属性。元数据技术属性是数据库中关于存储元数据的一些信息；元数据管理属性主要被用于管控数据权限，数据在实际使用过程中,有归口业务部门,会涉及数据确权问题;业务属性与企业的业务息息相关,企业所属的数据域包含增量分区、存量分区和生命周期等要素;元数据自定义属性则是企业发展过程中给元素定义一些新的属性,用来满足特定的应用场景。每一种数据库都需要一种元模型来支持。元数据有结构化和非结构化数据两种来源,采集方式包括周期和实时采集。周期采集适用离线批处理的数据,调度周期为10天,一般是全量采集;而实时采集的数据则是实时性较高的一个数据。

元数据质量是"数仓治理库"的完整性、一致性、及时性和规范性。完整性是数据属性值是否完整或有空值。一致性是在业务库里的数据是否出现了错乱。及时性是针对实时计算和分析,大部分情况是离线数据周期会比较短。规范性是采集到的元数据符合规范的有多少。数据资产范围也叫作数据域或主题域,就是企业需要治理的绩效数据是哪些。确定了数据范围之后,要去找到现有的数据,发现这些数据之间的关系,并通过算法来探查或识别功能来了解有哪些核心数据资产,尤其是数据量很大时。对数据资产梳理完成后,要对它进行一个分级和分类管控,不同数据的级别、敏感级以及分类情况不一样。对于相同等级的数据,企业也会使用不同的脱敏方式使不同人员看到不一样的数据。

数据资产范围划分有四个步骤。第一步是划分数据资产的业务系统功能模块。假设企业有一个仓储管理系统,就会有存货、进货等数据,就是业务系统常用的一级菜单,它可能是一个主线业务流程。一般先形成数据域的初稿,再演变出数据域的终稿。第二步是梳理业务。业务梳理完成之后,会影响到后面梳理的数据血缘流程以及业务过程。第三步是业务过程的设计。就是要了解业务方期望得到的信息。业务方也是需求方,他们在提供数据的同时,希望知道在日常工作中的信息。第四步是数据探查。元数据尽量符合规范后,对数据值进行的校验和探查。企业要设置质量检查的阈值或空值率,需要设置符合实际情况的阈值,这是企业在治理过程中留下来的核心壁垒。

数据之间会有一定的血缘关系,血缘是数据之间的关系,包括归属性和层次性血缘。数据血缘可以解决数据价值、安全管控等问题。使用数据的人越多,数据就越有用;更新的数据量越大,数据就越有用。

如果在数据血缘上游段,设置了较高的一个密级,那数据血缘下游的数据的密级也会较高。企业在组织架构设计、新老项目交替或人员交接时,也可以通过从血缘图上得到一些信息,查看数据资产,了解各数仓层级,各部门之间数据的存储量、冷热情况、正常监控情况、脱敏和风险管控情况。

数据要素是数字经济时代的关键生产要素,企业数据资产进入财务报表的实践正处于一个重要窗口期。遵循数据价值链的理论逻辑,数据资产价值实现机制可以划分为初始的数据资产合规和确权,以及后续的数据资产治理和管理两个具体阶段。对于数据资产合规和确权问题的分析,需要集中于数据资产确权系统建设(董高静等,2023)。对于数据资产治理和管理问题的分析,需要着重探究数据资产质量管理系统建设的情境及过程(马克卫等,2023)。企业在数据资产确权系统及质量管理系统建设过程中,结合具体的应用场景发现数据资产的价值,通过数据计量模型设计实施对数据资产的经济利益预测(董高静等,2023)。在此基础上,企业通过有效的数据资产成本归集、分摊、数据资产列报与披露等会计处理活动(曾雪云等,2023),实现财务结构优化和资产价值提升。根据上述分析,初步构建了企业数据资产入表路径的概念模型,如图3-5所示。

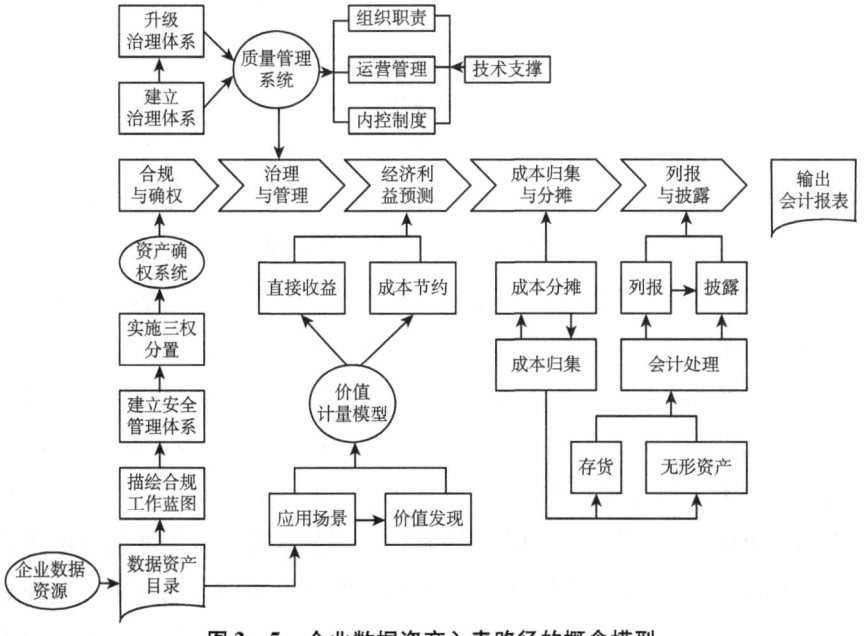

图3-5 企业数据资产入表路径的概念模型

在图3-5的概念模型中，数据资产确权系统及其质量管理系统建设是企业数据资产入表的基本前提，包括数据资产的合规、确权、治理与管理等数据资产经营活动（马克卫等，2023）。但这些基本前提只是满足了数据资产入表的基本要求，而数据资产的场景依赖性本质上要求对其进行适宜的经济利益预测（董高静等，2023）。为规范地描述预测出来的这种经济利益，企业需要实施有效的会计处理或入表活动，包括数据资产成本归集、分摊、数据资产列报与披露等（曾雪云等，2023）。实施上述过程的结果是既能促进企业内部财务结构优化与资产价值提升，又能通过为报表使用者提供决策有用信息（汪杰等，2023），为企业拓展外部融资渠道，形成真正意义上的数据新质生产力。

二、战略性绩效改进

绩效数据应用的领域之二是绩效改进。绩效改进是基于绩效数据的分析，发现绩效问题，给出对策建议，并跟进绩效改进行动的过程。绩效改进的实务操作，可以遵循"呈现问题—分解问题—找准关键问题—提出改进策略—落实任务责任—跟进改进效果"的思路，来展开战略性绩效改动行动。一是呈现问题。例如，企业对绩效数据的分析发现，今年的利润率比往年有下降，发生了亏损，这就呈现出今年绩效中的最主要问题。二是分解问题。就是根据数据分析对亏损这一问题进行追溯和分解。例如，发现亏损的原因主要是收入增长不足和成本增长过快，进一步分析发现，主要问题是市场开拓不力和产品滞销。三是找准关键问题。通过数据分析，从上述问题中找到问题的关键是市场开拓不力，因而这一问题成为绩效改进的重中之重。进一步分析发现，导致市场开拓不力主要有市场误判、销售渠道不通畅和客户终端抵制等原因，其中，对销售收入增长影响最大的因素是市场误判。对市场误判再追溯和分析发现，存在参考信息不准确、负责人能力不足和出现了某些新的驱动因素。其中，对销售收入增长影响最大的是出现了一些新的市场驱动因素，是解决销售收入下降问题的重中之重。具体原因是销售部门在对市场进行判断和开拓时，漏掉了一些新的市场驱动因素，导致企业被竞争对手反超和企业销售收入下降。四是提出改进策略。即针对关键问题，提出绩效改进策略。五是落实任务责任。通过数据分析发现，由于企业忽略了的责任部门，没有找新的市场驱动因素，导致其销售收入增长不足。进一步，在绩效分析报告中，可以建议将任务落实到市场销售部。六是跟进改进效果。当任务落实到市场销售部后，市场销售部就要动态地寻找并调整市场驱动因素。通过上述步骤，人力资源管理部门就要评价和跟进市场销售部对改进策略和任务落实绩效的情况，形成绩效改进的闭环逻辑。

三、战略性绩效薪酬

绩效数据应用的领域之三是绩效薪酬。如上所述，绩效管理与薪酬管理存在理念上的较大差异，绩效管理强调过程中的绩效改进与能力提升，而绩效薪酬是一种结果和利益导向。在战略性绩效管理的过程中，企业应尽量引导员工关注绩效而不是关注薪酬。尽管如此，在绩效数据应用过程中，仍须将绩效数据作为绩效薪酬设计与应用的重要依据。换言之，绩效薪酬是全面薪酬结构中不可或缺的重要组成，但并不是薪酬的全部。经济性薪酬也不是激励员工的唯一因素，除此以外，激励因素还有更重要的内在薪酬部分。而且，相较于以往员工，新生代员工看重的是比薪酬更重要的内在报酬，这些内在报酬包括充满信任和尊重的工作环境、人与人之间和谐的关系、从事有意义或有兴趣的工作等。

如果一家企业把经济性薪酬看作薪酬的全部，那么从本质上讲，这家企业是在贿赂员工。这会不断地强化员工对金钱的关注，而不是对事业的关注，强化一种"钱说了算"的文化。企业不要纯粹地或过度地用经济性薪酬来引导员工，要激励员工的事业心。如果一家企业只会用钱来激励员工，那将使员工越来越看重钱，而不是看重手头要做的事，从而导致激励偏离企业战略。另外，绩效薪酬设计的前提是做好绩效指标和绩效管理体系。根据期望理论，科学的绩效薪酬设计应在员工的努力与绩效之间、员工的绩效与薪酬之间、员工的需要与组织给予的薪酬价值之间建立起清晰的联系。绩效薪酬设计的基本思路是，在绩效薪酬与绩效评价结果之间建立起互为因果的清晰联系，企业通过钱来引导员工完成企业需要员工去完成的事情。但如果绩效管理方案本来就是一个无效或有问题的方案，企业将这样的绩效管理方案与绩效薪酬方案联系起来，其组合效果必定不佳，甚至企业所激励的行为与企业所需要的结果可能相反。例如，如果企业用短期奖励来激励高层管理者，那么他们很可能会忽略长期和持续的环境方面的责任。

四、战略性人才激励

绩效数据应用的领域之四是人才激励。人才激励是一个识别人才、培育人才和使用人才的持续的一体化过程，其目的是使人才与企业同向同行、共同成长。建立人才胜任力模型是人才激励的前提条件。绩效数据包括特征类、行为类和业绩类数据，其中，特征类绩效数据是影响人才激励决策的直接因素，行为类和业绩类绩效数据是影响人才激励决策的间接因素。识别人才是通过特征类绩效数据的分析，并结合对行为类和业绩类绩效数据的推演与分析，将这些数据与胜任力标准进行对照，从而识别出高潜质人才的持续过程。培育人才是将识别出来的高潜质人才纳入人才池和人才梯队，通过对高潜质人才的绩效数据分析，在将这些数据与胜任力标准进行对照的基础上，找到胜任力的差距并分析差距产生的原因，通过针对性地给予绩效辅导、岗位轮换或授权等方式，从而缩小上述差距，甚至使人才胜任力超越岗位胜任力要求的持续过程。使用人才是基于特征类、行为类和业绩类绩效数据的分析，对识别并培育的人才胜任力的认可，这种认可对于其他员工的成长也是一种示范引导和正向激励。

第六节　本章小结

战略性绩效管理的行动过程分为前提条件、绩效计划、绩效执行、绩效复盘和数据应用五个主要环节。战略性绩效管理过程的质量不仅取决于做得最差的环节，也取决于各环节之间关联的紧密度和清晰度。战略性绩效指标体系及其绩效评价表格，是密切战略性绩效管理过程各环节之间联系的操作工具。

前提条件包括战略澄清和岗位分析，它们在建立绩效管理与企业战略、部门职能与岗位职责之间的清晰联系中起非常重要的作用。战略澄清是战略性绩效管理区别于传统绩效管理的重要特征，平衡计分卡则为战略澄清提供了一个分析视角。对照岗位说明书上的每一项岗位职责，从数量、质量、时间和成本四个维度，可以逐条做出对应的关键绩效指标。

战略性绩效计划包括绩效指标制定和绩效目标约定两项主要工作。企业要对绩效指标进行清晰定义，尽量量化并形成体系。绩效目标约定是直接上司与直接下属通过共创、形成共识的具有挑战性的绩效目标的过程。包含关键绩效指标的绩效计划表是建立绩效管理过程各个环节之间清晰联系的重要载体。绩效指标应具有岗位相关性、具体明确性、可衡量且容易衡量性、有意义性、数量有限且重要性等。绩效目标值应具备富有挑战、能够达成共识和时间限制等特征。

绩效计划表就是直接上司与直接下属之间签订的一个绩效契约，战略性绩效执行是战略性绩效计划的逻辑延续。战略性绩效执行的重要工作包括收集绩效数据、实施绩效沟通和绩效辅导等，直接上司通常需要并行地从事这些具体的绩效执行工作。

绩效复盘包括过程性复盘、结果性复盘和战略性复盘，绩效复盘环节包括持续性地实施绩效评价、周期性地实施绩效考核、定期和不定期地形成绩效分析报告和适时地召开绩效审议会议等工作。绩效分析报告要坚持问题导向，要聚焦绩效问题，分析问题产生的原因，并提出解决绩效问题的整改建议和方案。

战略性绩效管理是一种数据驱动决策的管理模式，绩效数据治理是为了将数据广泛地运用到企业实际业务中。绩效改进是基于绩效数据的绩效分析，发现绩效问题，给出对策建议，并跟进绩效改进行动的过程。绩效分析报告遵循陈述问题、分解问题、找准关键问题、改进策略、任务落实、效果跟进等问题解决思维展开。人才激励是一个识别人才、培育人才和使用人才的持续的一体化过程，目的是使人才与企业同向同行、共同成长。

第四章 CHAPTER 04
战略性绩效评价体系

绩效评价是落实战略性绩效管理过程的重要手段,绩效评价在战略性绩效管理过程中起着非常重要的作用。绩效指标体系是实施绩效评价的重要准绳,科学地设计出企业的绩效指标体系是实施绩效评价的重要前提。在战略性绩效管理的前提条件中,无论是战略澄清还是岗位分析,都有助于管理者找到关键绩效领域,并设计关键绩效指标。一旦有了绩效指标,管理者就可以将之放在绩效计划表里。绩效计划表可视为一种契约,一旦甲方和乙方签订契约,双方就形成了契约关系,这种契约关系神圣并值得敬畏。绩效契约的甲方与乙方之间是一种直接的上下级关系,绩效契约就是直接上司与每一位直接下属共同签订一个特定周期的契约。之后,直接上司与直接下属就应按照这个契约的要求各司其职,共同来开展绩效执行、绩效复盘以及绩效数据应用等工作。战略性绩效评价应贯穿于绩效管理的整个过程,整个过程都会用到绩效计划表或绩效评价表。

第一节 战略性绩效评价指标

由于企业资源的有限性,管理学强调抓住工作重点,不强求企业要把每个工作都做好,关键是要把重要的工作做好。假设某一岗位有五项职能,其中有三项职能是很重要的,那么就应主要围绕这三项重要职能来分别设计指标。设计出来的指标一定是关键的指标,而不是一些不重要甚至可以忽略不计的指标。管理特别强调抓住关键,有所舍必有所得,舍弃一些不重要的指标，或许会获得更好的效果。设计太多的指标不一定是好事，不重要的指标会造成时间或资源的浪费。如果能把重要指标所要求的重要工作完成好，也就够了。

一、战略性绩效评价指标定义

绩效评价指标是一个比较笼统的名词。例如，员工满意度就是一个相对比较笼统的概念，为便于操作，需要对员工满意度这一绩效指标进行更细致的定义。清晰的绩效评价指标定义需要回答如下问题：绩效评价指标的正式名称是什么；绩效评价指标设计的目的是什么；绩效评价指标的具体意思是什么；绩效评价指标用什么样的形式来表达；绩效评价指标量化计算的数学公式是什么；绩效评价指标的确切定义怎样阐发；绩效评价指标的计量单位是什么；绩效评价指标使用和统计的周期是什么；绩效评价指标所需要的数据从哪里来；谁来负责收集所需要的数据；用怎样的流程来收集数据；特定的绩效评价指标主要用来评价哪些部门；哪些单位或个人负责数据的审核；围绕着这个绩效评价指标有哪些相关的说明。也就是每个岗位都有一些绩效评价指标，每个指标都要进行详细的定义。整个企业就会有很多指标，如果将这些指标汇总到一起，就可以形成 KPI 辞典和胜任力辞典。当使用者在操作时遇到不明白的地方，就可以查一下企业的 KPI 辞典或胜任力辞典。

绩效指标应尽可能做到量化，这便于评价者对被评价者作出相对客观的评价。尽管一些指标看起来好像比较空，似乎难以量化。但如果指标设计得好，同样可以得到量化的指标。管理者可以对难以量化的定性指标进行分级，并对其每一个等级进行详细的定义。例如，责任心就可以分为 5 个等级，并对每个等级都进行详细的定义，什么样的行为属于很不负责任？什么样的行为属于很负责任？这样，管理者在进行绩效评价时，就可以依据详细的定义与标准实施具体的绩效评价。虽然员工每天要做很多事情，但不必把每件事情都做到完美，如果员工能把最重要的事情做好，那么员工的这一天就会比较完美，有价值和有意义。

有很多方法有助于管理者设计指标。一是参照企业所处的行业中一些优秀企业的做法，来做该企业某一部门或某一岗位的指标。参照不是照搬，而是将参照得到的指标进行适应性调整。二是参考文献上有用的指标（刘俊勇等，2022）。例如，主要研究某个企业案例、某个行业的指标体系以及某一类岗位指标体系的文章等，这些文献都可供本企业指标设计时参考。三是参考企业的内部资料。包括企业内部的战略规划、部门职责、岗位说明书、访谈资料或其他相关资料，这些比较重要的资料也可供参考。在这个基础上，可以使用扎根理论工具，综合使用收集到的资料，设计一套针对岗位的一系列初步指标。四是访谈，初步指标不一定科学，可以通过访谈让访谈对象来判断哪些指标比较恰当，做出取舍。五是问卷调研，通过问卷设计、问卷发放、问卷数据收集以及统计工具分析，来检测指标的信度和效度。实践中，管理者通常不能只用一种方法去设计指标，往往需要将可能的方法综合运用于指标设计中。

二、战略性绩效评价指标设计

绩效评价指标可以分为特征类、行为类和结果类三种类型的指标。通常，特征类绩效指标表征员工的能力或胜任力特征，行为类绩效指标表征员工的工作态度，结果类绩效指标表征的业绩结果。以制造业车间员工的绩效指标为例。管理者第一个关注点是员工是否具有车间员工的某些特质，这类指标叫作特征类绩效指标。管理者第二个关注点是员工的出勤情况，员工有没有请假，有没有早退等。因为某一员工的请假或早退行为可能会影响其他员工的工作，这类指标叫作行为类绩效指标。管理者第三个关注点是员工产出了多少结果，这类指标叫作结果类绩效指标。三类指标既分别自成一体，又形成针对某一对象评价的总体指标体系。尽管某类指标有其适用的具体情况，但针对某一具体岗位，管理者往往会分别设计特征类、行为类和结果类三类指标，然后设计对应的权重和评价标准，最终形成针对某一部门或某一岗位的绩效指标体系。

结果类绩效指标关注员工的业绩结果。典型的例子是有关销售员的绩效评价指标，企业往往将销售额作为绩效评价指标，来评价销售员的绩效。这类绩效指标较适用于以下几种情况。一是员工熟练地执行工作所需的行为。二是行为与结果之间存在直接的关联。也就是事在人为,一分耕耘必有一分收获,因为销售员的努力与他的业绩或销售额存在比较紧密的关系。三是结果会随时间的推移而不断的改进。四是达到一定结果的方式可能有很多种,此时管理者只看结果,但达成一定结果所采取的行为方式可能是"八仙过海,各显神通"。结果类绩效指标的特例是计件制,计件制主要被应用到对一线车间员工的绩效评价。计件制最大的好处是能给车间员工及时和直接的激励,但在个性化时代,生产价格往往难以核定。在大规模生产时代,某类产品的生产价格有市面上的参照系,所以生产价格比较容易核定。个性化时代与大规模生产时代迥异,如果企业生产的是非标准化产品,那么就难以从市面上找到参照,因而其生产价格就变得难以核定。

因此,不能只用某一类绩效指标去评价某一岗位的绩效。尽管针对销售员会主要采用结果类绩效指标,但实际上需要综合考虑使用行为类绩效指标。如果只强调业绩或销售额,那么销售员很可能会通过欺骗顾客来提升自己的业绩。但依靠这种手段获得的业绩提升会对企业的长远发展产生更大的损害,因为这会造成没有回头客的现象。被销售员欺骗过的顾客会对企业产生一种厌恶的情绪,不会再购买该企业的产品。如果销售员和企业只追求短期的业绩,必然会对企业的长期业绩产生不利的影响。因此,上例中,除了使用结果法来评价外,管理者还可以考虑销售员的服务态度,如使用顾客重复购买率、老顾客的保有率、顾客流失率等综合指标,来评价销售员的绩效。

行为类绩效指标关注员工的工作态度。这类绩效指标较适用于以下几种情况:一是行为与结果之间的联系不明显;二是结果发生在遥远的未来;三是有些行为不一定产生直接的结果。尽管行为类绩效指标适应上述情况,但某一岗位应该既包括特征类和行为类指标,又包括结果类指标的体系,绩效指标是一个综合的概念。

特征类绩效指标关注员工的能力或胜任力特征。这类绩效指标更适用于一些处于转型期的企业,尤其是其研发部门。对研发部门而言,管理者会更看重研发人员的能力。如果某位员工的研发能力强,该员工很可能会研发出一些创新的新产品。于是,在评价研发人员时,评价者可能不太看重被评价者过去的成绩或业绩,而是更看重被评价者的一些特质。例如,被评价者具有沉着、冷静、钻研精神等特征,由此可以推断该被评价者很可能比较适合做研发。再如,被评价者是做销售的,如果他以前没做过销售,评价者可能会看重被评价者的口才和沟通能力。沟通能力表现出善于倾听、具有同理心和换位思考等特征,它表征被评价者能站在别人的角度去思考,这有助于使具有这类特征的人取得较好的绩效。

尽管不同员工的能力优势不一样,但绩效结果可能趋同。因为人的能力具有互补性,高胜任力的员工并不意味着一定能做出业绩。"胜任力特征"是一种组合,由此构成胜任力模型。例如,一位认真工作的员工的绩效结果不错,另一位不太认真做事却善于思考的员工的绩效结果也可以。有些特质可能不受个人控制,是与生俱来的。尽管特质存在先天的因素,但有些特质还是可以通过后天训练加以改变的。通常,个体层面特征类绩效指标包括努力动机、理论知识与实践知识三个维度,这三个维度相辅相成,共同决定某个体的绩效结果。以学习绩效为例,努力动机就是持续学习的动机,理论知识就是书本上的知识,实践知识就是知道怎么做的知识。努力动机、理论知识或实践知识三者缺一不可,三者的关系可视为一个组合的概念,提高个体层面的胜任力需要同时关注这三个方面。

第二节　战略性绩效评价指标设计

企业的战略成功取决于战略制定和战略执行两个方面。战略制定是做正确的事,就是企业制定的战略好不好;战略执行是正确的做事,就是企业对已制定的战略执行得好不好。绩效管理和战略管理既要做正确的事,也要正确的做事。当然,本书是假设企业的战略制定是正确的,也就是一个正确的战略制定好以后,应该怎么有效地实施,或者说怎么把这个战略执行得更好?战略性绩效管理就是战略管理从人力资源管理的角度来讲战略执行,它有个假设,就是假设企业制定的战略是正确的,没有错误的。反之,如果一家企业制定的战略是错误的,那么战略执行得再好,战略也不会成功,与之承接的绩效管理过程也将无效。因此,战略性绩效管理有助于保证企业的有效执行和监控,真正意义上的绩效管理必定是面向战略和支持战略的,企业有必要将宏大的战略转化为员工的具体行动。

一、战略性绩效评价目标在时间维度上的分解

战略性绩效评价指标体系是化企业战略为员工行动的重要工具,也体现了战略性绩效管理的行动逻辑。每个企业都会有个使命愿景,也就是我们是谁,我们希望去哪里,我们希望成为什么样的团队?既然有这样的使命愿景,企业会有3~5年的一个战略目标。有了3~5年的战略绩效目标,管理者就要分成3~5年内的每个年度的战略目标。年度战略目标就是企业当年工作的重点是什么?聚焦到当前,企业的重点工作是做什么?企业要把这个年度的战略目标细分为企业年度的绩效目标,如年度的销售额、员工满意度、利润增长率等。进一步,管理者要将年度的绩效目标分解为季度绩效目标,每个季度的绩效目标又要分解为月度的绩效目标。这就是战略澄清从时间维度进行拆解的过程。由上而下,实际上是将比较长时间范围的目标,拆解为具体的一个比较短的时间范围内的目标的过程。也就是从3~5年的绩效目标,拆解到每年、每月、每周直至每天的具体绩效目标。在战略澄清或目标时间维度上分解的过程中,需要上级和下级之间通过共同讨论以形成共识。战略性绩效评价目标在时间维度上的分解思路如图4-1所示。

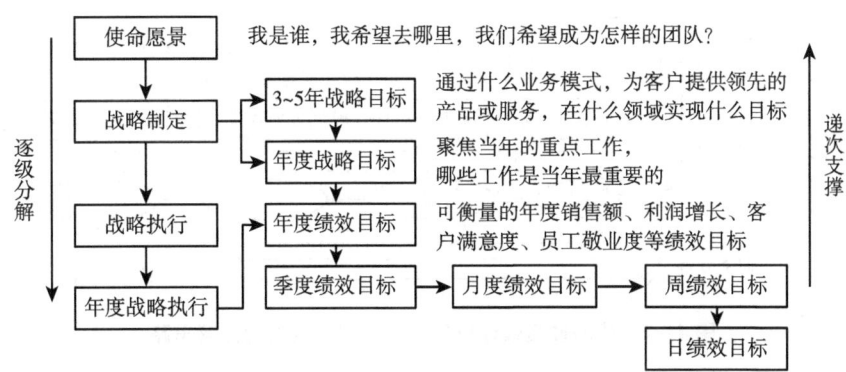

图4-1 战略性绩效评价目标在时间维度上的分解思路

战略性绩效管理的行动逻辑

二、战略性绩效评价目标在组织维度上的分解

战略澄清从时间维度的拆解是对事的拆解，拆解的事需要落实到人。也就是，企业也有必要从组织维度上进行战略澄清，将战略目标落实到具体的部门和人。组织维度的澄清与时间维度的澄清有一定的关系，二者组合起来实现对战略目标的逐级分解。例如，某公司今年要完成1000万元的营业收入，假设该公司有A、B两个事业部。如果A事业部是企业的核心业务，那它理应承担较多的目标任务，比如承担800万元营业收入的目标任务。如果B事业部是一个战略事业部，它当前可能并不能带来更多的现金流，但在未来它可能会成为公司的一个新的增长点。所以，在这个年度里面，就可以把B事业部的绩效目标定得低一点，如定为200万元营业收入。由此，下面两个事业部的绩效目标会等于上一个层次的公司的绩效目标，它们之间是一个逐级分解的关系。同理，继续往下，可以分解得到到部门、到岗位、到员工的具体绩效目标，实现自上而下的绩效目标的逐级分解（罗兴鹏和张向前，2017）。由此，自下而上形成对战略目标的有效支撑。结合图4-1可以得到战略性绩效评价目标在组织维度上的分解思路，如图4-2所示。

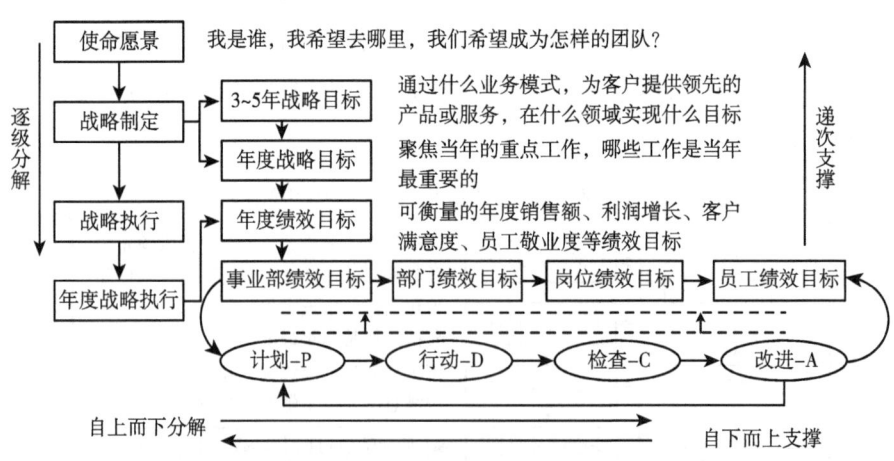

图4-2 战略性绩效评价目标在组织维度上的分解思路

图4-2中，自下而上的目标之间是一个相互支撑的关系。上面是企业

战略，下面就是员工行动，中间有个转换的过程，就是通过战略澄清以及量化绩效指标的确定和机制设计，来实施战略目标的逐级分解和落实。通常，一个绩效指标的基本构成包括结果指标和行为指标。其中，结果指标包括关键职责、具体目标和绩效标准，行为指标则包括关键过程、胜任力以及价值观等。需要特别强调的是，在上述战略澄清或目标在组织维度上分解的过程中，同样需要上级和下级之间共同讨论，形成共识，这种共识的讨论有助于绩效指标及其目标的落实。

三、战略性绩效评价指标设计

以某公司为例，阐释战略性绩效评价指标设计。假设某公司的年度战略愿景是，到2023年12月，成为一家在国内同行业具有高品牌知名度、对市场环境适应性强、运作高效的一流制造企业。可见，在描述战略愿景时通常会使用一些形容词。例如，该公司使用了"高品牌知名度、对市场环境适应性强、运作高效、一流"等形容词。这意味着，战略愿景大多定性宏大，为了更好地落实，需要进一步对战略愿景进行概括和澄清。例如，该公司的年度战略愿景可以概括为，"以内部运作效率为基础、强调持续创新、强调服务社会，最终达成企业的财务目标"，涉及运作效率、持续创新、服务社会和财务目标等一些比较具体的核心内容。实际上，上述四个方面的核心内容可以分别对应平衡计分卡的四个维度，因此可以从财务、客户、内部运营和学习成长四个维度，对该公司的关键绩效领域进行设计，并形成该公司的年度战略地图。利用平衡计分卡框架，将该公司年度战略地图直观地绘制出来，如图4-3所示。

利用平衡计分卡框架，找到了这些关键绩效领域（KPA）之后，可以对应地设计一些关键绩效指标（KPI）。所谓关键绩效指标，就是为了使人或各部门做好这些关键绩效领域的事，管理者用一些什么样的关键绩效指标来监控他们，使他们能把关键绩效领域的这些事做得更好。有了这些指标之后，企业就要落实到承担的部门。如表4-1所示，营业额这一KPI是属于经营成果里的一个指标。经营成果是一个目标和关键绩效领域，营业额则是一个具体指标。KPI指标有了以后，我们要落实到具体的部门。从

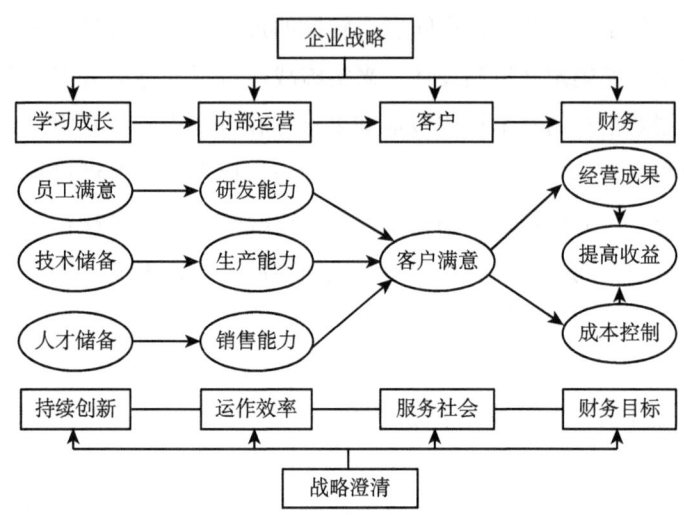

图 4-3 某公司的年度战略地图

个案来讲,营业额这一 KPI 就落实到了销售部。当然,有些指标如外部客户满意度,它可能与销售、采购、质检和生产等部门都有关系,所以这个指标就应由这些部门来共同来承担。

表 4-1　　　　　　某公司的年度绩效指标落实

核心内容	KPA	KPI	承担部门
持续创新	员工满意	员工满意度	各部门
	技术储备	支持系统的核心能力	各支持部门
	人才储备		
运作效率	研发能力	新产品/工艺开发/技术改进/技术支持	项目/研发/技术
	生产能力	进度/质量控制/物料供应/劳动生产率	生产各车间/质检/采购/设备/仓储
	销售能力	销售预测/营销推广/售前售后服务	销售部
客户满意	客户满意度	外部客户满意度	销售/采购/质检/生产
		内部客户满意度	各部门
财务目标	经营成果	营业额销售量	销售部
	成本控制	费用成本	各生产部门

一个操作层面的具体指标由指标名称、指标权重、目标值和评价标准四部分构成。把 KPI 指标界定清楚,就是把这四个方面都界定清楚,这样

才好操作。表4-2是某公司人力资源部的绩效指标示例,示例中,"制订人事改善方案"这一指标,要有相应的权重和相应的评价标准。"制订人事改善方案"指标是怎么具体定义的呢？例如,3月之前,人力资源部就把这个方案设计好了,那么就可以得5分。如果人力资源部拖拖拉拉地直到7月才设计好,那就只能给1分。这就是从时间维度来评价、来定义这个标准。当然,也可以从数量、质量和成本等方面来定义一个指标。例如,"员工满意度调查"就可以用数量来定义,"员工工作环境改善"也可以用数量来定义,而"人工费"则可以从成本来定义。

表4-2　　　　　　　某公司人力资源部绩效指标

PKA	KPI	权重	评价标准				
			5	4	3	2	1
制度化管理	制订人事改善方案	10	3月底前	4月底前	5月底前	6月底前	7月底前
	设定管理框架	25	3月底前	4月底前	5月底前	6月底前	7月底前
员工满意	员工满意度调查	2.5	5次	4次	3次	2次	1次
	兴趣小组	2.5	6个	4个	3个	2个	1个
	成果主义文化	5	3月底前	4月底前	5月底前	6月底前	7月底前
	员工工作环境改善	10	提高6%	提高5%	提高4%	提高3%	提高2%
费用管理	人工费	10	194万元	216万元	237万元	259万元	280万元
	其他管理费用	5	降低6%	降低5%	降低4%	降低3%	降低2%
汉语培训	40人以上	10	40人以上	30人以上	20人以上	10人以上	5人以上
课程开发	开发个数	10	6个	3个	2个	1个	0个

四、战略性绩效评价指标的应用

绩效评价指标怎么具体进行应用操作呢？我们要会设计一些表格。尽管这里包含称为绩效评价表的表格,但它是不是只在评价阶段才用到呢？答案是否定的。因为绩效评价是持续的,绩效考核则偏向阶段性。同样,绩效评价表在绩效管理的整个过程都会用到。在绩效计划的时候,我们就要把绩效评价表中的工作计划、岗位职责、指标名称及其目标、权重等内容都填好。在绩效执行的时候,我们需要收集很多数据。在绩效评价的时候，我们将收集的这些数据代入绩效评价标准的计算公式，就会得到绩效评价结果。绩效的计算公式就是通过理论推演得到这样一个指标，得到一个函数关系。这个函数关系就是指标怎么定义的一个函数关系，就相当于一个模型。然后，我们实际做得怎么样？用实际的数据代入这个模型或函数，是不是得到了一个结果？在评价环节，管理者就要把各项指标的完成值以及月度综合考评分值填好。在复盘提升阶段，我们就要把成绩、不足和建议等内容填好。

以月度绩效评价为例，直接上司在月初将本月主要任务分别列出，并不含例行任务与上位部门、上位领导的临时派送任务，由于某些任务可能需要部门间协同配合，因此可配合流程管理来使用绩效评价方案。本月岗位 KPI 尽量与本月主要任务对应，应配套设计 KPI 辞典对各 KPI 予以详细定义。其中，本周目标为本月目标的分解，二者紧密衔接。为使过程绩效情况可视化，本周执行情况、本周完成情况由直接上司评价，并可以以看板的方式呈现绩效情况，如最佳或优秀、需改进或良好、亟须改进等情况。本周完成情况评分值、本周综合评分值为具体数值，产生于本周末对本周内过程的评价，并明确数据来源和评分依据。

直接上司不宜将本周完成情况的评分值、本周综合评分值机械地汇总形成月度考核结果，其内含调整机制。上述评分值只是月度考核的重要依据，直接上司可根据下属在过程中的进步等情况，对下属的周评分值进行微调之后，形成对下属的初步月度考核结果。为约束直接上司的权力，并分解直接上司压力，一是尽量量化 KPI 指标，二是构建自上而下的考核时间安排，即直接上司的上级对直接上司本人考核结果形成的时间，应早于直接上司本人对下属进行月末考核的时间，如早 5 天时间。在这 5 天内，直接上司可根据直接上司的上级对直接上司本人考核结果等情况，对下属的周评分值或月考核值进行调整之后，形成对下属的最终月度考核结果，这就是调整机制。

月度绩效评价可以以看板的方式呈现，利用看板，可以实现周跟进、月度评价、季度评价的过程跟进，其内含压力机制和调整机制。为形成上下级之间的关联，对于直接上司的评价，其总分应该包括直接上司上级对直接上司本人的分数，以及直接上司本人对其本人所有直接下属的考核分数的平均值，并分别占一定的百分比，这就是压力机制。本月执行情况给出具体数值，这个数值不是初始分，而是通过调整机制调整后得到的评分，这就是调整机制。本月完成情况评分值、本月综合评分值为具体数值，产生于本月末对本月内过程的评价，并明确数据来源和评分依据。战略性绩效评价坚持未来导向。本月完成情况评分值和本月综合评分值，不是机械地汇总成季度考核结果，而只是季度评价的重要依据，直接上司可根据下属在过程中的进步等情况，对下属的月评分值进行微调之后，形成对下属的初步季度评价结果。使用协同机制，一方面约束直接上司的权力，另一方面分解直接上司的压力。直接上司本人对下属进行季末评价的时间，如早 10 天时间。在这 10 天内，直接上司可根据直接上司的上级对直接上司本人评价结果等情况，对下属的月度评价值进行调整之后，形成对下属的最终季度评价结果。

接下来，如果三个月过完了，企业就要对这个季度的绩效进行一个评价和复盘。在季度的绩效评价方面，企业主要是对三个月的绩效进行加总，从而得到所有评价对象的一个排名。而且，在季度的绩效复盘提升的时候，我们主要是找到这个季度存在哪些不足以及一些亮点。我们要进行经验总结，提炼出一些亮点，包括做得好的方面和做得不好的方面。同时，提出下一个阶段绩效改进的一些建议，这就是季度的绩效复盘提升。同理，企业可以设计年度绩效评价表，对年度绩效进行评价和复盘。总之，绩效管理的整个周期里都会用到绩效评价表格。

第三节　战略性绩效评价过程

战略性绩效评价有特征、行为和结果三类评价方法，特征类评价关注员工的能力或胜任力特征，行为类评价关注员工的工作态度，结果类评价则关注员工的业绩结果。针对同一岗位，管理者应分别设计特征类、行为类和结果类三类指标，并分别设计对应的权重和评价标准。相应地，针对同一岗位，管理者往往会同时运用特征法、行为法和结果法三种评价方法进行评价。虽然上述三种绩效评价方法有相同点也有不同的侧重点，但在实践中，管理者应综合和并行地运用上述三种方法开展绩效评价工作。

一、结果类评价指标

结果类评价指标通常针对员工的业绩结果，其使用的指标通常是量化指标，因而获取的数据也是量化数据。这些数据主要来源于企业的财务部门、营销部门、信息部门及其相关岗位的主管部门。从财务部门获取的主要是财务数据，从营销部门获取的主要是客户数据，从信息管理部门获取的则可能是一些综合数据。由于结果法获取的数据大多是量化数据，运用这种方法得到评价结果较为客观，因而被广泛地运用于绩效管理过程，也可以为其他管理领域所运用。

结果类评价的第一步是设计业绩指标。业绩指标的设计方法主要有战略澄清和岗位分析。前文已介绍了通过战略澄清设计绩效指标的方法，在这里仅介绍通过岗位分析设计绩效指标的方法。岗位说明书中的岗位职责内容可以作为设计绩效指标的重要参考。根据某一岗位的每项职责都可以作出一个或者多个指标。

例如，某企业在客户主管的岗位说明书上列出了一项职责是"完成客户需求分析，确保主要的市场服务能够满足顾客的要求和期望"，那么根据这项职责可以设计什么样的指标？比如，可以用"提交需求分析报告的时间和质量"这一指标作为评价"完成客户需求分析"职责的指标，用"顾客满意度"这一指标作为评价"确保主要的市场服务能够满足顾客的要求和期望"职责的指标。岗位说明书里列示了每一项岗位职责的内容，通过对每一项岗位职责的演绎，可以设计出一些指标。当然，业绩指标设计不能仅仅使用岗位分析法，而应该综合运用各种绩效指标设计方法。

需要指出的是，设计后的指标不宜频繁改动，因为频繁改动指标将不利于业绩的纵向对比分析。而且，在业绩指标设计时，要给出其明确的量化计算公式，并考虑后续数据收集的可行性与管理成本。表4-3给出了某公司产品成本控制率指标定义的示例，该表对"成本控制率"指标名称、设立目的、计算公式、相关说明、数据来源、考核对象和统计周期等进行了详细的定义，这便于实际操作使用。对一家企业所有KPI定义进行汇集，汇集起来就会得到KPI辞典。

表4-3　　　　　某公司产品成本控制率指标定义示例

指标名称	产品成本控制率
设立目的	考察产品的成本控制情况
计算公式	产品成本控制率=(客户合同价格-供应商原材料合同价格)/供应商原材料合同价格
相关说明	客户指购买产品的客户；供应商指向公司供应的该产品所需原材料的供应商
数据来源	订单（项目）期内，公司与客户签订的合同会包含非标设备的价格条款；公司与供应商签订的合同会包含原材料的价格条款
考核对象	经理助理、综合部、财务经理、销售内勤兼出纳等部门及其员工
统计周期	月度监控，季度考核

　　结果类评价的第二步是制定业绩评价标准值。制定绩效标准值的动作是岗位评价，前置工作是绩效计划，岗位评价得到的评价分值和绩效计划要求都可以作为确定绩效评价标准值的重要参考（陈媛媛，2018）。如上例，假如评价客户主管的第一项职责的指标是"提交需求分析报告的时间和质量"和"顾客满意度"，那么可以根据制订绩效计划要求，制定"提交需求分析报告的时间"的分时段标准值，以及"顾客满意度"的分段标准值。此外，也可以根据岗位评价的评价分值制定"提交需求分析报告的质量"的分段标准值。在绩效计划环节中，应使业绩指标对应的目标值富于挑战性，这有助于充分激发员工的工作潜能。

　　结果类评价的第三步是收集业绩数据。收集业绩数据是绩效计划过程的后续工作，经历了绩效计划过程之后，业绩指标及其标准值被放置到绩效计划表中。业绩指标及其标准值是绩效执行过程的重要依据，绩效执行过程包含了收集业绩数据的工作。收集到的绩效数据也将运用于后续的业绩结果核算。在绩效执行过程中，管理者参照绩效计划表中的业绩指标，通过观察、沟通或对接财务、信息、销售等部门，有针对性地收集员工绩效数据。因为收集业绩数据将会付出收集成本，所以收集业绩数据时，管理者需要在关键数据与一般数据之间进行平衡取舍。

　　结果类评价的第四步是核算业绩结果。收集到的丰富的业绩数据中很可能包含一些垃圾数据，这些垃圾数据很可能给管理工作带来干扰。如果收集到的业绩数据出现数据缺失和不足,那么管理者可以通过数据推演或一些数据处理方法进行数据扩充。必要时也需要对收集到的各类数据进行清洗或扩充。之后就可以将清洗或扩充后的数据代入 KPI 辞典所设定的业绩指标计算公式中。最后对照绩效计划表中的业绩指标标准值,就可以得到业绩评价的具体结果。业绩数据如何取舍调整、如何计算业绩结果,均取决于管理者的绩效管理能力。对业绩指标计算公式的理解与运用,考验着管理者的业务水平。

结果类评价的第五步是业绩结果应用。遵循战略性绩效管理的行动逻辑,业绩评价不是为评价而评价,绩效数据也不是为收集而收集,而是怎么更好地运用数据及其评价结果。业绩评价不是用来秋后算账的,也不仅仅是用于绩效考核或是薪酬核算,如果是这样,其效果很可能与战略性绩效管理的行动逻辑背道而驰。数据及其评价结果应广泛地运用于绩效管理的全过程,甚至可以为其他管理领域所用,其应用的领域主要包括绩效问题分析、绩效沟通、绩效辅导、绩效考核、薪酬管理、选拔晋升和决策支持等。对数据及其评价结果的解读能力也是每位管理人员必备的关键能力。

二、行为类评价过程

行为类评价通常针对员工的工作态度,其数据大多使用 360 度法收集。360 度的数据收集法通常使用 360 度问卷,通过该问卷调研得到的数据主要运用于员工能力开发,也可以适当地运用于绩效考核及其薪酬激励,并对接到薪酬结构设计中。如果运用于绩效考核和薪酬激励,那么这部分评价结果在核算时的权重也不宜过大,可以将行为维度评价结果的总权重控制在 20% 以内。表 4-4 给出了某公司客户对"技术支持满意度"指标定义的示例。该表对"客户对技术支持满意度"指标名称、设立目的、计算公式、相关说明、数据来源、考核对象和统计周期进行了详细的定义。企业可以将之纳入 KPI 辞典,这便于管理者实际操作使用。此外,还要设计相应的 360 度问卷,这便于形成对指标的计算结果,表 4-4 就在相关说明中进行了阐述。

表4-4　　某公司客户对技术支持满意度指标定义的示例

指标名称	客户对技术支持满意度
设立目的	考察现场安装、调试、培训等技术跟进、对接，以及技术维护与售后技术服务等情况
计算公式	根据《客户对技术支持满意度调查表》涉及的指标、权重计算
相关说明	《客户对技术支持满意度调查表》
数据来源	项目结束后7天内，技术部主管提醒甲方填写并提交《客户对技术支持满意度调查表》，综合部汇总统计该满意度调查结果
考核对象	技术部门及员工、装备部门及员工、总工程师和技术副总等
统计周期	月度监控，季度考核

行为类评价的第一步是设计360度问卷。通常由人力资源部门参考各部门主管的意见来主导设计，考虑到数据收集成本，可以只设计一份针对公司所有员工的通用360度问卷。当然，也可以分别针对不同的业务部门或职位层级，对应设计多份相应的360度问卷。管理者需要重点考虑问卷的效度和信度，题项重点突出工作态度、团队协作等内容，并适当考虑不同的业务部门或职位层级工作的差异性和个性化。但设计后的360度问卷的题项不宜频繁改动，频繁地改动问卷将不利于对行为数据进行趋势分析。

行为类评价的第二步是360度收集行为数据。通常由人力资源部门定期与不定期地发放360度问卷，但问卷调研的频率也不宜过高，因为这会造成员工填写问卷的负担。360度问卷发放时，要求以匿名的方式填写并提交，同时告知员工数据结果主要运用于管理者对被评价者的开发工作，以消除评价者的顾虑，从而得以收集到客观的评价数据。

行为类评价的第三步是360度问卷分析。360度问卷填写完成后，人力资源部门负责回收问卷。管理者拿到收集到的360度问卷数据如果存在缺失，可以进行剔除，或通过数据推演和一些数据处理方法进行数据扩充。之后，将处理后的数据代入事先所设定的评价计算公式，最终得到行为评价的具体结果。必要时，可结合各阶段的历史数据进行对比分析。

行为类评价的第四步是行为数据应用。绩效管理思想强调通过评价更好地运用数据评价与分析结果。360度问卷在绩效评价中的应用如图4-4所示。可见，360度问卷调研得到的数据主要运用于员工能力开发和绩效辅导，在这种情况下，管理者也可以将填写后的360度问卷不加处理直接送达被评价者。此外，收集得到的数据也可以适当地运用于绩效评价，并将评价结果对接薪酬结构设计，不过在对这种行为法的评价结果核算时，其在总的绩效结果中的权重不宜过大。需要指出的是，360度问卷数据及其评价结果更应被广泛地应用于员工能力开发的全过程。如果其被应用于员工能力开发，那么管理者可以不加处理而直接送达被评价者，其具体的应用领域主要包括能力差距分析、绩效辅导和选拔晋升等相关决策。

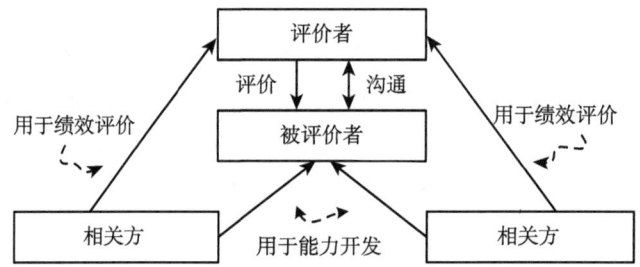

图4-4　360度问卷在绩效评价中的应用

三、特征类评价过程

特征类评价通常针对员工的胜任力特征，其数据来源于行为观察、行为事件访谈和绩效沟通等。虽然特征类评价结果主要运用于员工能力开发，但也可以适当地运用于绩效考核、薪酬激励并对接到薪酬结构设计中。如果运用于绩效考核和薪酬激励，那么建议将特征维度评价结果的总权重控制在20%以内。

特征类评价的第一步是构建胜任力模型。设计特征指标的前置动作是岗位分析，岗位分析得到的岗位说明书中的职位规范可以作为设计绩效指标的重要参考。根据某一岗位的每项资格要求都可以设计出一个或者多个指标。特征指标通常是一些定性指标，因此，慎重起见，管理者不可单一地使用岗位分析，而应该综合运用多种方法来完成特征指标的设计或胜任力模型的构建。主要的方法包括行为事件访谈、岗位分析、战略演绎、文化演绎、标杆参照、行业实践、文献研究、扎根分析和实证检验等。其中,行为事件访谈是一种经典的胜任力模型的构建方法,也为实践界普遍使用。结合行为事件访谈,辅以标杆参照、文献研究和扎根分析等方法,可以构建初始胜任力模型,随后,通过问卷调研获取数据对初始模型进行实证检验。图4-5给出了某银行的胜任力模型的示例。

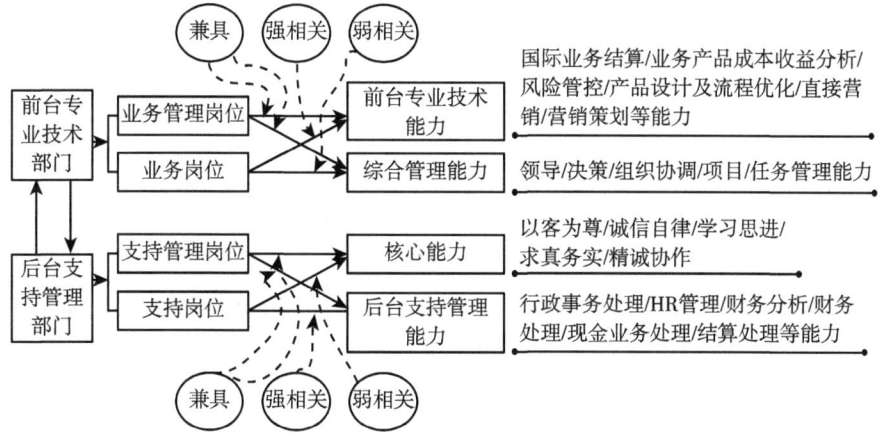

图4-5 某银行的胜任力模型示例

特征类评价的第二步是编辑胜任力辞典。虽然上述步骤构建出胜任力模型为特征类评价提供了方向,但由于特征指标是一些定性指标,为便于操作,需要分别对胜任力模型中的所有"胜任力特征"指标进行清晰的定义,包括各个特征指标的基本定义、各个等级的行为表现描述和负面表现的描述等。在对企业的所有"胜任力特征"指标有了清晰的定义之后,将它们结集并编辑形成胜任力辞典,提供给操作者查阅使用。

编辑胜任力辞典的后置动作是制订包括员工能力开发计划的绩效计划,在员工能力开发计划中明确各个具体岗位的各项胜任力标准值,以此作为胜任力差距分析和绩效辅导的重要参考。表4-5是上述某银行有关"以客为尊"胜任力指标的名称、定义、适应范围、分级及其详细定义。进一步推论,将该银行胜任力模型所有的胜任力指标进行如上描述编辑,就可以得到该银行的胜任力辞典。

表 4-5　　某银行"以客为尊"胜任力指标定义示例

能力名称	以客为尊
适用范围	全体员工
能力定义	通过了解包括内部客户和外部客户的业务及客户服务知识，理解客户需求，建立并维护与客户或潜在客户之间的良好关系，提高客户满意度，以提高企业的效益为总目标
初级行为表现	1. 了解重要客户的基本业务知识、行业环境，尊重并保护客户的秘密 2. 明确自己工作中所面对的内外部客户，并通过与客户的直接交流了解客户的需求或问题 3. 认识到向客户传递正确信息的重要性，对于客户的询问、要求和抱怨，在上级的指导下向客户提供准确和完整的答复 4. 当自己不能立即对客户的询问和要求作出答复时，能将客户的需求传递给最适合解决问题的人，或是尽快寻求解决方法，事后再回复客户 5. 保持友好热情的服务态度，注意观察客户对服务是否满意，寻求提高客户满意度的方法
中级行为表现	1. 熟悉客户业务知识、行业环境以及客户服务的理论，比较分析各类客户业务的差异与需求 2. 能够独立并清楚地了解客户的真正需求及其提出的要求，并以此为基础协助设计有针对性的服务、内容 3. 能主动为客户提供服务内容，向客户提供准确和完整的信息和资料，迅速、及时、有效地解决问题，不推卸责任，不拖延 4. 能就如何提高客户满意度提出可行性建议，发现超出客户期望的服务机会
高级行为表现	1. 掌握客户业务知识、行业环境及客户服务理论，预测客户业务的发展趋势，且对市场上客户服务的工具和系统及其作用有一定的认识，并运用于实际工作中 2. 能够在对客户业务透彻了解的基础上，结合客户的实际需求和现有的服务项目或产品，帮助客户设计出符合其特点的服务方案 3. 帮助客户发现存在的问题，向客户提供有效的解决方案 4. 能够通过对客户服务工作进行指导和监督，提高服务质量以及客户的满意度
专家级行为表现	1. 分析客户业务的发展趋势，且能对市场上客户服务的工具和系统依据实际情况进行调整与创新 2. 能够深刻理解客户的需求、所面临的问题、潜在的机会并提出相应的见解和观点 3. 根据自己的观点，结合客户的长远发展，和客户一起进行研究、制定解决问题的完整方案 4. 能选择适当的工具或者系统来提高客户的整体满意度 5. 设定整个组织的客户服务目标，并将该目标贯彻于组织其他职能部门

特征类评价的第三步是收集特征数据。收集员工的"胜任力特征"数据是绩效计划过程的后续工作，经历了绩效计划过程，"胜任力特征"指标及其标准值被放置到绩效计划表中。之后，综合使用行为观察、行为事件访谈、绩效沟通、工作日志等方法进行数据收集，其中，行为事件访谈是构建胜任力模型的方法，也是收集员工的"胜任力特征"数据的主要方法。"胜任力特征"指标及其标准值是绩效执行过程的重要依据，绩效执行过程包含收集业绩数据、绩效沟通和绩效辅导等工作，所以"胜任力特征"数据的收集工作也应贯穿于绩效执行的全过程。

特征类评价的第四步是胜任力差距分析。收集到的绩效数据很可能较为宽泛，很容易使管理者陷入数据的海洋。因此，管理者需要对这些庞杂的数据进行归类、整理和处理，去伪存真。必要时可运用扎根分析对收集到的各类数据进行处理。之后，对照胜任力辞典所设定的核算方式，以及绩效计划表中的"胜任力特征"评价标准值，得到被评价者的胜任力评价结果。同时，针对特定被评价者的胜任力进行差距分析，并形成被评价者的胜任力分析报告。

特征类评价的第五步是能力开发行动策略。与业绩评价和行为评价一样，特征类也不应该是秋后算账，更不能仅用于绩效考核或是薪酬激励。如果要用于绩效考核或是薪酬激励，那么这种行为法的评价结果的核算权重不宜过大。特征类评价结果应广泛地运用于员工能力开发的全过程，主要应用领域包括员工能力开发、绩效辅导、选拔晋升及其他相关决策支持等。能力开发行动是员工能力开发计划的执行，此类行动包括绩效辅导、短期授权安排和岗位轮换等。

四、评价结果申诉

申诉程序有利于获得大家对绩效管理体系的支持。在整个绩效管理过程中，直接上司拥有对直接下属的一个评价和考核权利。这个权利其实很大，因为这种绩效评价和绩效考核的结果，可能会影响直接下属的晋升和薪酬等。约束直接上司的办法和机制很多，其中一个重要的方法就是细化申诉程序。申诉程序能在一定程度上防止直接上司的权力膨胀和权力滥用,也在一定程度上避免直接上司作出不利员工的越轨行为。申诉程序要做得细致、规范、科学,而且能够站在员工的角度去思考与设计,使员工容易操作,用起来方便。不要让员工对申诉有顾虑,有些员工觉得太麻烦了,干脆就不去申诉了,那这就未能达成申诉机制设计的初衷。可以通过流程图的形式详细说明申述程序,流程图要画得细一点,要责任明确、有规范的申诉表格及其文件处理流程等。

申诉程序是一种制度设计,可视为人力资源部服务于企业员工的一种制度供给。制度供给要有用户理念,制度的购买者和使用者就是员工。因此,在设计申诉程序时,要站在员工的角度去思考怎么使员工用起来方便、舒服,愿意使用,而不是强加给他们。传统观念认为生产出来的东西肯定有人购买,现代的观念则是站在顾客的角度,认为生产出来的产品要为顾客所接受,顾客认可的产品才有价值。尽管申诉程序是管理层提供的一种制度,而不是实体的产品,但同样需要提供者具有用户思维。合理且详细的申诉程序,能使员工在对考核的结果有意见时,以一种平和或不对抗的方式来提起申诉。换言之,当员工有意见的时候,企业需要提供相应的渠道让他们的意见能反馈给管理者。

一级申诉程序一般是员工向人力资源部门提出申诉,由人力资源部门充当员工和主管之间的调解角色。如果一级申诉没有调解成功的话,那么就进行二级申诉程序。二级申诉是企业设置比人力资源部门的权力更大的申诉委员会,申诉委员会就是仲裁者,会作出一些最终具有约束力的终局性决策。申诉委员会通常由职能管理者、人力资源部门的管理者等共同组成,这是受理申诉的一个相对柔性的机构,基于申诉委员会的二级申诉比基于人力资源部门的一级申诉更具权威性。

第四节　本章小结

绩效评价指标体系和绩效评价表设计是实施绩效评价的前提。绩效评价指标可分为特征类、行为类和结果类三种类型,尽管三类绩效指标有各自适用的情况,但某一岗位应该是既包括特征类和行为类指标,又包括结果类指标的体系。

战略性绩效评价指标体系是化企业战略为员工行动的重要工具。从企业的使命愿景、3~5年的战略目标、3~5年内的每个年度的战略目标，细分到企业年度的绩效目标、季度绩效目标、月度绩效目标等，就是一个是化企业战略为员工行动的过程。结果指标包括关键职责、具体目标和绩效标准，行为指标则包括关键过程、胜任力以及价值观等。

利用平衡计分卡框架，找到了这些关键绩效领域之后，可以对应地设计一些关键绩效指标，之后将这些指标落实到承担的部门。操作层面的具体指标由指标名称、指标权重、目标值和评价标准四部分构成。绩效评价指标被应用于绩效评价表，绩效评价表在战略性绩效管理的整个过程都会用到。

战略性绩效评价包括特征法、行为法和结果法三种。结果类评价包括设计业绩指标、制定业绩评价标准值、收集业绩数据、核算业绩结果和业绩结果应用等步骤。行为类评价通常包括设计360度问卷、360度收集行为数据、360度问卷分析和行为数据应用等步骤。特征类评价则包括构建胜任力模型、编辑胜任力辞典、收集特征数据、胜任力差距分析和能力开发行动策略实施等步骤。

第五章 战略性绩效分析方法
CHAPTER 05

战略性绩效分析在部门层面有不同的角度，部门主管通常要做其部门及部门员工的绩效分析，人力资源部门则要做企业绩效分析，其中蕴含着丰富的大数据驱动决策的思维。通过各层面的绩效分析，会形成相应的绩效分析报告。绩效分析者要站在行业环境、企业战略及其价值链的角度来看问题，分析数据背后的决策经营行为。绩效分析者不仅是分析和利用数据，更重要的是立足过去和现在来看未来；不仅是依据过去的绩效数据对企业现在的经营行为作出适应性调整，更重要的是依据过去的绩效数据和现在的绩效情况，对未来的经营行为作出前瞻性预测。

第一节 战略性绩效评价表格

一、绩效评价表格模块构成

绩效评价表格设计是人力资源部的重要技术，也是战略性绩效分析数据收集的重要工具。完整的绩效评价表格有九个重要模块，各有作用，缺一不可，完整的模块设计有助于较全面地收集绩效数据。当然，在实际操作中，可以适当简化和合并设计绩效评价表格。一是员工基本信息，包括姓名、职位、薪酬待遇等；二是职责、目标和指标，职责来源于岗位说明书，目标和指标主要根据战略澄清及岗位职责演绎；三是胜任能力和行为指标，主要根据战略澄清及胜任能力模型演绎；四是主要成果和贡献，一般情况下，表格内容过多，但高层只需了解重要指标有关的主要成果和贡献；五是开发方面的需要、计划及目标，体现了绩效管理的有意义性，它被对接到个人开发计划；六是个人开发成果，高层主要了解个人的主要开发成果；七是利益相关者参与，主要是指提供数据的相关方，大部分数据是来自直接上司，少部分数据来自360度数据来源的其他部门；八是员工意见陈述，就是员工针对评价结果的意见；九是签字，至少需要四个人的签字，包括本人、直接上司、直接上司的直接上司以及人力资源部等，签了字就意味着相关方已知晓相关内容，并需要承担相应的管理责任。

二、绩效评价表格最佳特征

绩效评价表格旨在将数据标准化和结构化，为决策者提供元数据支撑。良好的绩效评价表格须具备以下七个特征。一是完整、重要和简单性，这三者各有侧重，但相辅相成、相得益彰。所谓完整，就是表格应全面涵盖上述九个模块的内容；所谓重要，就是通过选择重要的内容，抓住最重要和关键的内容列在表格里；所谓简单，则是为了降低成本，在全局的视角下不漏掉重要信息。二是相关性，各模块相互关联，成为一个系统，共同承担其表格服务于绩效管理过程的功能与效果。三是描述性，就是除了评价的分数，还要有用文字表述的评语。四是标准化和适应性，标准化就是要统一表格模板，这有利于数据的对比分析和趋势分析，适应性就是针对部门特点作相应调整。五是定义清晰性，就是指标需要量化、清晰的界定。六是沟通性，主要是签字和员工意见反馈，没有这个模块会导致相关者之间沟通不畅。七是时间导向性，又称为未来导向，主要指绩效评价表格中的第五个模块中有关开发方面的需要、计划及目标能力的内容。

第二节 360度绩效数据来源

一、360度绩效数据来源的作用

360度绩效数据来源有广义和狭义之分。广义的360度绩效数据来源将上级、同事、下级、本人和客户等相关方视为员工绩效数据来源。狭义的360度绩效数据来源可能表现为90度、180度或270度绩效数据来源，是指员工绩效数据除了来源于上级以外，还可能来源于同事、下级、本人和客户等某些相关方。简单起见，本书使用广义的360度绩效数据来源的概念。已有的理论和实践存在片面性，其大多将360度视为一种绩效考核工具，若如此操作并与薪酬挂钩，很容易造成内部矛盾，因而使得相关方难以作出客观的评价。

360度可以整合为一个从绩效数据来源、绩效评价到员工能力开发的工具。360度主要用于员工能力开发，尽量不用于绩效考核和薪酬激励。首先设计360度问卷，然后发放问卷由相关方填写，最后回收问卷应用于员工能力开发。通过五个方面的360度绩效数据，直接上司能够从不同视角来全面了解员工的能力状况，分别呈现相关方对被评价者能力状况与目标绩效之间的差距，这种差距分析是制订和实施开发计划的一个重要依据。最好是不要算总分，而是把原始分数全面地呈现给员工，这样使被评价者知道自己哪些方面做得不对，别人是怎么看自己的工作结果的，自己还有哪些地方需要改进，从而使评价更加客观全面一些，使评价者不受其他利益因素的影响，而是聚焦到事情和能力上。

当然，如果360度绩效数据来源做得不好，也会有风险。如果管理者花了很大的精力去做360度绩效数据收集，却得不到真实的数据，那将是得不偿失的。不真实数据不仅浪费了管理资源，而且还会导致错误的决策。360度问卷可以以纸质的方式，也可以在网上操作。在信息技术日益发展的今天，使用网上操作360度问卷会变得很方便，因为填写者不需要把工作停下来再去填写问卷，可以随时随地做这件事情，从而克服了时间和空间上的障碍。如果能设计出功能强大的网络评价系统，那么这样的系统可以对来源于各方面的数据做一些分析处理，并最终形成一份360度绩效的大数据分析报告，这将大大提高管理者分析及决策的效能。

二、360度数据来源的优势

实际上，360度数据来源具有不少优势。第一个优势是减少上司偏见。

每个人都有盲区，难免会有一些偏见。例如，首因效应就是一种心理偏见，偏见和盲区使管理者不能更好地认识到真实客观的情况。企业进行开发时，不局限于直接上司的看法，如果有360度绩效数据对员工各个方面进行综合性评价，那就能减少一些偏见，并能使员工从多方面了解他人对自己的期望。第二个优势是增强改进承诺。如果员工只获得直接上司单方面的评价，他往往会有抵触。如果获得多方同样的评价，那么员工可能就会接受自身某些缺点的存在，有利于改进个人对绩效管理的感知和承诺。多方面的数据有助于员工看清楚问题的本质，多方面的评价能使员工认识到自己真正的缺点是什么，包括如何促进绩效改进，都会变得一目了然。这也会减少无法讨论的情况出现，如果有其他方参与进来证明其中的观点，那么员工很可能就不得不承认自己缺点的存在，并增强自身对绩效改进的承诺。

三、360度数据来源的风险

尽管360度数据来源具有上述优势，但不好的操作会存在一定的风险。第一个风险是虚假信息。问卷的"不匿名"会造成虚假信息。如果360度问卷不匿名，那么使用这样的问卷收集数据，可能得到一些虚假信息。员工看到这些信息以后，可能会认为评价者讲了真话，但实际上评价者可能讲了假话。如果员工把这些假话当作真话来理解，那就会导致员工作出一些错误的判断或错误的行为。如果让评价者填写过于烦琐的360度问卷，那可能的结果是评价者随便填写，而随便填写的问卷就会包含一些虚假信息。评价者对员工开发不重视造成虚假信息。360度数据来源及其评价结果是实施员工开发决策的一个重要依据，但评价者觉得对某一员工的开发与自己无关，不会认真地对待这件事情。或是一些信息可能是基于道听途说而来，或是不相信员工能够完成工作，或是员工之间的合作性很差。也许有些评价者不希望其他员工变得更好，尽管他觉得被评价者有缺点，但是偏偏把被评价者的这个缺点评为优点。

第二个风险是伤害自尊。负面反馈可能是对员工自尊心的伤害，也许员工也知道这确实是自己的缺点，但被别人指出来了，员工就觉得没有面子。也许员工的自我感觉良好，并没有做好接纳各方面意见的准备，突然之间接收到一些负面的反馈，那么他肯定难以接受这一点。也可能有些被评价者对评价者存在一些偏见，他可能不太在意别人的意见和打分，这也可能影响360度数据来源的决策效果。

四、360度数据来源的最佳实践

最佳实践之一是开发至上。数据及其评价只能用于开发目的，最好不要与薪酬直接挂钩。360度数据来源是一个态度的评价，不是一个业绩的评价，其主要甚至唯一的目的是服务于能力开发。但现实中不少企业会根据问卷计算出的分数实施末位淘汰制，这种对分数最低的人采取扣工资或淘汰解雇的做法很不科学。

最佳实践之二是培训前置。360度数据来源是需要的，但也会存在很多可能的问题和风险。好的工具用得不好，效果就会变差。为避免这些风险，首先要对评价者进行培训。

最佳实践之三是严格匿名。360度问卷应该是匿名问卷，不要求填写答卷人姓名，被评价者与答卷人之间背对背。

最佳实践之四是熟知情况。答卷人应是充分掌握被评价者信息的人。

最佳实践之五是真心帮助。问卷要由对被评价者的开发、发展和成功感兴趣的人来填写，并在问卷中设计一些开放题项，不能全是选择题，要求评价者提出可行的建设性意见和建议。

最佳实践之六是行动跟进。不是分数打完了，这件事就结束了。好不容易做完了一些事情，最后却没有把这些数据利用起来，这是一种资源浪费。因此，企业应对360度问卷收集到的数据进行分析，将分析的结果应用于相关决策并采取相应的开发行动。

第三节　战略性绩效分析报告

战略性绩效分析报告的呈现方式有口头和书面两种形式，书面报告尽管重要，但常被忽略。相较而言，报告的内容比报告的形式更为重要。书面报告的内容是内核，是内在逻辑，书面报告形式则是内容和逻辑的适应性表达。作为书面报告之一，战略性绩效分析报告要有观点，要明确地告诉决策者有关绩效方面的现状、问题及其产生的原因，并提出解决方案。报告过程中，解决方案要有若干个备选方案，并对若干个备选方案作分析和评价，由分析人员提出对策建议供决策者参考。尽管决策者不一定直接采纳这些建议，但这样的绩效分析报告对决策者一定会有启发。而且，战略性绩效分析报告的过程、方式、内容和形式理应灵活多变，如果企业内外部环境不同，经营管理中出现的问题不同，问题产生的原因不同，那么解决问题的对策理应不同。

一、战略性绩效分析报告的功能地位

绩效分析报告是绩效分析过程的产出，通过绩效数据分析过程，水到渠成地形成绩效数据分析报告。绩效数据分析及其报告是整个绩效管理数据分析的根本，绩效数据分析报告则在绩效管理、绩效分析与企业战略之间架起桥梁。在大数据和人工智能等技术越来越发达的时代，绩效分析将取代以往的绩效考核和评价，成为人力资源部门的工作重点和未来方向。绩效数据分析报告是诊断企业目前问题的听诊器，它依靠人力资源部门人员的经营素养、人力资源管理工具和绩效管理知识等，来发现企业运营中的问题。进一步，人力资源部门人员要对发现的问题进行预警，从问题中分析原因，提出解决问题的对策建议。在大数据时代，绩效数据分析报告也是监测企业运营状况的显微镜，因为有大量的数据作为支撑，管理者看问题的角度和深度自然会更加理性和深入，绩效数据分析的效率和效能会得到大幅度的提高。

战略性绩效数据分析旨在通过支持企业及其员工绩效持续改进的相关决策行动，驱使企业及其员工不断监控、迭代创新和改进绩效。管理者要从绩效数据来判断绩效结果是什么，这种结果的影响怎样，结果背后的业务实质是什么，又如何采取对策来解决问题并促进绩效提升。绩效数据分析的目的之一是对绩效执行情况的回顾和总结。需要分析企业在整个绩效执行的过程中遇到了哪些问题，由此下一步的重点方向应该是什么，如何坚持过程中的成功经验，又如何促进绩效的持续改进。绩效数据分析的目的之二是为业务部门提供绩效改进的参考建议。战略性绩效管理的目的是推进企业战略和业务策略的落地，企业战略和业务策略落地又涉及部门绩效的落地，通过绩效数据分析，可以为部门绩效在落地中如何改进提供决策参考。绩效数据分析的目的之三是为下一步的绩效改进提供方向。各部门的中高层管理者参与人力资源部通过组织绩效分析会，分门别类地分析并提出有助于各个部门的绩效改进建议，并提供下一步重点改进方向的对策建议。

战略性绩效分析报告最大的作用是预测风险，它通过分析问题及其可能出现的风险，做到对问题和风险的前瞻预判并未雨绸缪地制订应对策略。绩效分析报告做模板的好处是迅速提高分析的规范性，并使分析者考虑得更全面，从而形成共同语言。其缺点是模板很容易使做分析的人按套路去写报告，但模板框架很难穷尽现实情境中所有问题。每个人都有认知盲区，模板只是某些人的视角，很难事先预判并穷尽所有可能出现的问题，而且供应商、客户和竞争对手等外部情况一直都在变，一定情境下的问题并不一定总是存在，问题是会变化的。总之，做模板的优点是规范性很强，缺点是很难把现实经营中出现的问题在模板中体现出来。如果契合实际的问题不能体现在报告中，那么报告就失去了分析报告应该具备的问题导向、直面问题、发现问题、分析问题和解决问题等核心功能，从而只是为形式而形式，而不是为内容而形式。毕竟，套路式的模板文本只是一种形式，绩效分析报告更应该为客观实际服务。因此，企业可以不做报告模板而做报告指引，指引里有分析报告必做的规定性动作，也有一些自选性动作。这是一个权宜之计，报告指引既能保证报告的规范性，又能鼓励分析者灵活应用。

二、战略性绩效分析报告的形成过程

战略性绩效分析报告要从呈现方式回归到走向分析过程的实质，因为绩效管理必须从企业战略出发，并最终服务于企业战略。在绩效数据分析过程中，要突出重点内容，抓住关键问题，坚持问题导向。数据驱动的绩效分析是沿着企业如何解决问题的逻辑来展开的，它是一个问题呈现、问题分析、结果解读和决策应用的逻辑过程。绩效数据分析的逻辑体现的是整个事物发展的过程，分析及报告的过程就是要把问题找出来，预测问题可能产生的后果，由此追溯问题产生的原因，并找到解决方案和措施。绩效数据分析的最终目的是解决问题，发现问题或分析问题都是为了更好地解决问题。

第一步，发现问题。也就是通过持续的信息沟通、数据收集，呈现和分析绩效数据，总结出绩效目标完成状况，由此运用比较法等方法找到差距，发现绩效问题。例如，将目标完成状况与绩效计划目标相比较，或是将当前目标完成状况与上个月或上年同期相比较，通过同比、环比等比较方法来找到差异，存在差异就是绩效问题。当然，比较法只是分析方法中的一种，绩效分析是一种面向实务的研究，与研究一样，其分析方法很多。沟通信息和发现问题是对绩效当前情况的一个呈现，通过比较分析出现的偏差，无论是好的偏差还是坏的偏差，都是一个客观存在，关键是把偏差和问题先找到，而不是回避偏差和问题。

第二步，分析原因。当找到偏差和发现问题后，就要深挖偏差和问题产生的原因。找到原因，是为了更好地缩小偏差和解决问题。找原因的过程不是人力资源部门一个部门的事情，而是需要人力资源部门与相关业务部门一起来探讨。因为改进的主体不是人力资源部门，而是业务部门，所以人力资源部门一定要与业务部门一起来寻找原因。当然，绩效问题有时可能涉及的不只是一个业务部门，这时，人力资源部门就应起到跨部门的协调作用，由此组织跨部门人员一起来探讨出现这个问题的原因。在绩效数据分析报告中，要把绩效数据分析过程达成的结论，也就是如何解决绩效问题的方法放到分析报告中，这样有助于决策者把握对策建议的来龙去脉。

第三步，提出建议。在发现问题和分析原因后，有些问题能马上解决，有些问题可能一时解决不了，无论是哪一种情况，都要提出对策建议。包括针对这样的问题，绩效改进要分几步走，如何改进绩效。在改进的过程中，最重要的是要找到并落实到责任部门和人员。如果成本高了，那么到底是因为采购的材料成本高，还是设计的成本高，或是生产过程中浪费得比较多，必须要找到相应的责任部门和人员。假设是采购的材料成本高，那么就要落实到采购部门。人力资源部门找到责任人后，业务部门一般不会特别愉快地接受这个事实，或是马上来改进绩效。这时，人力资源部门就要采用业务部门能接受的方式让其接受对策建议，来实施绩效改进。人力资源部门与业务部门共同探讨并达成一致的改进建议，要写在绩效数据分析报告中。

第四步，支持决策。在业务部门的绩效改进过程中，需要资源支持。如果是生产成本过高，那么企业可能需要通过自动化来实现降本增效。要增加自动化水平，就需要去投资设备或购买设备。如果要购买设备，那么就需要做投资可行性分析，需要资源支持。这时，人力资源部门就要支持业务部门作这种决策，给出一些分析意见和依据，并有跟进和落实后续的行动计划。决策的落实需要跨部门的协同，不能因为跨部门的壁垒，延误了资源支持的落实，从而影响了企业整体工作。

绩效分析报告的周期多长时间为宜，按年度、季度还是月度做分析报告？如果只在年度做分析报告，那么对管理层来讲，绩效分析报告就很难体现出随时发现问题和纠正问题的作用。企业不仅要写年度分析报告，而且最好一个季度也做一次分析报告。如今，为发挥绩效管理的重要作用，不少企业的绩效分析报告的周期延伸到月度，一些管理很精细化的企业甚至有周报告和日报告，而信息技术的发展使之成为可能。例如，人工智能和大数据技术就能为提高分析质量及频次赋能。其中，周报告及会议重点分析一个比较突出的问题，这种分析的问题针对性及时效性特别强。例如，本周的报告就是针对上一周暴露出来的问题，在周五晚上或者周六上午召开分析会，讨论出解决方案，然后周一开始动手进行问题的解决。周报告分析的时间很短，时间跨度很短，不一定要长篇大论，但一定要把主要的问题提出来。管理学是一种实用主义，越往下面，这个分析频率就应越高；越往上面，分析频率就可以越低。从实务和时效性方面的考虑，例如，企业经理办公会可以一个季度只开一次，但是对重要业务单元的分析可以按月作报告，甚至按周去做绩效分析和报告。

三、战略性绩效分析报告的特征

书面报告形式是其内容的适应性表达，报告的形式必须服务于内容。

战略性绩效分析报告要简洁凝练,写分析报告的时候,最开始是先做加法,接下来做减法。最开始在报告中不断加数据,越写越厚。在此基础上做减法,厚积薄发,最后留下来的是很需要的重要内容。次要的内容可以放到附件中去说明,或者干脆就不报告。绩效分析报告要坚持用户导向,报告要吸引人,最重要的是抓住受众者需求,也就是从看分析报告的人的关注点和痛点,最感兴趣和急需解决的问题出发。在内容和形式上,绩效分析报告的标题要能抓住眼球,坚持结论先行,要引起阅读者的兴趣,让看报告的人有兴趣往下看,并尽可能地形成结论的标题,使阅读者一目了然。绩效分析报告报告如果能巧用各种各样的比喻,将使一些复杂晦涩的问题变得更加容易被理解。绩效分析报告要尽可能可视化和趣味化,少用文字,多用数字、表格和图形。如果是图形,最好是动态图,因为这样更直观和有逻辑,更容易被透彻理解。

第一个特征是说明清楚。要求绩效分析报告尽可能地化人力资源语言或专业术语为实务界能接受的经营管理语言,分析者先想清楚某一指标、数据及结果对企业到底意味着什么,对企业的重要性是什么。例如,某一指标、数据及结果的迅速下降意味着什么,问题可能在哪里。想清楚之后,用经营管理者易于理解并能够看得懂的语言表达出来。对于分析报告中一些专业性比较强的指标,可以放在分析报告的附件里,详细地说明这些指标口径是什么,定义式是什么,分子和分母是什么,分子和分母的数额分别是什么,计算的结果数等于什么,该数据及结果高说明什么,该数据及结果低又说明什么。目的是让看分析报告的受众或经营决策者易于理解,因为问题的解决离不开他们的推进和督办。

每个人都有盲区,都会有专业局限性。如果某一受众者管理素养极高,那他一看就知道这个指标的意思。反之,如果某一受众者的管理素养和知识储备并没有那么高,那他要想弄清楚报告内容,也可以通过翻阅附件,了解指标的内涵。尤其是对于有明显拐点的事项更要说明清楚。比如销售收入、毛利率或净利润,在趋势分析图中的某一地方有明显拐点时,对这一拐点的数据要特别加以说明。如果三言两语说得清楚,那就放在报告正文的数据、表格和图下来说明;如果三言两语说不清楚,这个事项相对比较复杂,那就专门写个附件来说明。分析报告的目的是答疑解惑,就是呈现现状、揭示问题、分析原因、提出建议。分析报告不是给看分析报告的人的脑子里留下一堆问号，有原因分析的报告才是有意义的。

第二个特征是报送及时。好的分析报告要报送及时，报送越及时，对管理层的作用就越强。毕竟商业环境瞬息万变，企业是"在打一只正在飞的鸟"，实务决策追求的是"满意解"而不是"最佳解"。对管理层来讲，过去发生的事情的效果是滞后的，其作用不大直接，而现在正在发生的事情和未来将要发生的事情，对他作决策最有价值。毕竟，时间是决策的重要约束条件，决策是针对现在作调整或面向未来作预测。追求分析报告完美、逻辑分析清楚、考虑问题全面、数据论证翔实等都很重要，分析者也要尽量地做到这些。但事实上，报告者需要把握报告完美性与时效性之间的平衡，有时可能报送及时更重要。如果报送时间相对滞后，那当管理层看到这个分析报告时，也许环境已发生了变化，或事情已发生了演变，那这样的报告可能失去时效性，其价值就会变得十分有限。

在报告完美性与时效性之间平衡的结果是及时报送。例如，月度分析报告可以在当月经营结束后的3天内上报，经理办公会季度分析报告在这个季度经营结束10天内上报，年度分析报告在当年经营结束后20天内上报。"兵贵神速"，分析报告是为决策者作决策提供帮助的，分析报告的报送越及时，其作用就越强，价值越大，效果也会越好。不要追求过度完美，不要陷入完美情节，这会让你的管理层产生"事后英雄"的遗憾感。这意味着，时效性对分析报告极其重要。通常，给高层上报的数据或报告，不用追求细节非常准确，更重要的是，将暴露出来的最主要的问题及时披露出来，及时报送上去，从而最大限度地发挥报告的价值。

第三个特征是预测准确。决策的本质是预测和抉择。趋势分析是以过去若干期的历史数据总结出来的，是发挥绩效分析报告预测功能的一个非常好的工具。趋势分析是在历史数据的基础上对未来做预测，以历史的增长规律为依据，使预测能言之有理，言之有据。科学决策势必以信息为支撑，分析报告的时间轴拉得越长，预测越准确。只知道本期数据和上一期数据不足以支撑决策者做科学预测，因为时间轴太短，信息十分有限。所以一定要呈现若干期的数据，分析若干期的数据才可能发现客观规律和演化路径。按照这个规律做预测和演化路径，不用追求决策方案绝对精确，因为情况在变。毕竟，预测的结果大多是一种未来发生的概率，而决策在现实中终究是一种行动逻辑。从大数据的思维和机器学习的视角看，随着数据的累积，加之不断的模型训练，模型会越来越接近实践。在历史数据的基础上找规律、作预测，分析者需要在决策的科学性与及时性之间作出权衡和选择。

掌握更多信息和熟悉业务的相关者参与预测，对于提高预测的质量大有裨益。实际上，不应该只是人力资源管理部门在作预测，而要让财务、销售、采购和项目等更多部门来作预测。同时，各部门也要敢预测，因为预测是管理者经常要做的工作。尽管这样，现实中，任何人都做不到百分之百的精准，预测准确追求的可能只是大方向上的相对准确，是大尺度上的预测准确，不必拘泥于过于具体详细的预测准确。当然，理想的追求是预测尽量准确，为此分析者的学习能力和跨界能力就变得十分重要了。人类有了人工智能和大数据技术的赋能，将变得更为智慧，人类对未来客观世界的预测也将越来越趋于准确。从务实角度看，当有了预测得到的大方向之后，绩效分析人员就要尽量追求提出得力可行的措施，尽量使报告提出的对策措施能真正地解决实际问题，并不断地追踪反馈、优化调整。这是绩效分析的行动逻辑，对于作绩效分析的人员而言，这虽然是一个不小的挑战，但也应成为一个崇高的理想追求。毕竟"学海无涯苦作舟"，在挑战中获得的成功往往会带来令人振奋的成就感，从而从一个成功走向更大的成功。

第四节　本章小结

部门主管通常要作部门及部门员工绩效分析，人力资源部门则要作企业绩效分析。分析者要从各层级管理者或决策者关注的痛点出发，通过沟通交流来获取绩效数据，分析这些数据的变化及其背后的原因，提出对策建议并跟进对策的落实。分析者要将有一定难度的专业术语转变为受众者能看得懂的管理语言，形成言简意赅和重点突出的绩效分析报告。分析者要立足过去和现在来看未来，依据过去的绩效数据对未来作出前瞻性的预测,从而实现数据真正驱动决策。

绩效评价表格包括员工的基本信息、职责、目标和指标,胜任能力和行为指标,主要成果和贡献,开发方面的需要、计划及目标,个人开发成果,利益相关者的参与,员工意见陈述,以及相关方签字九个重要模块。在实际操作中,可以适当简化和合并设计绩效评价表格。良好的绩效评价表格应具备完整性、重要性、简单性、相关性、描述性、标准化、适应性、沟通性和时间导向性等特征。

广义的360度绩效数据来源将上级、同事、下级、本人和客户等相关方视为员工绩效数据来源。360度绩效数据主要用于员工能力开发,尽量不用于绩效考核和薪酬激励,其最佳实践包括开发至上、培训前置、严格匿名、真心帮助和行动跟进等。

绩效数据分析要突出重点,抓住关键,问题导向,遵循问题呈现、问题分析、结果解读和决策应用的基本逻辑。绩效数据分析既要发现问题,更要解决问题。战略性绩效分析报告要简洁凝练,要抓住报告使用者的关注点和痛点,要说明清楚、报送及时、预测准确。

第六章 战略性绩效开发机制

CHAPTER 06

战略性绩效开发包括薪酬、福利、发展和环境等内容。实践中，企业仅使用薪酬或福利策略，这不足以实现对员工的长期保留，也不足以充分调动员工积极性。要让员工把企业作为自己学习和发展的平台，就需要企业在发展和环境方面去做一些长期投资。尽管这些投入不一定马上看到价值，但对于人才的发展以及企业更长远业绩的实现，会有好的效果，甚至会有一个指数成长的效果。本质上，战略性绩效开发是一种长期导向，可视为一种吸引、激励和留住人才的长期投资，而不是一种人力资源成本。因此，企业要给员工发展的机会，给员工提供相应的资源支持，让员工参与绩效开发。而且，实施战略性绩效开发需要各管理者和人力资源部门共同配合，单一地依靠人力资源部门不足以做好这项工作并取得很好的效果。

第一节 个人开发计划

战略性绩效管理的内容不只是业绩，还应包括能力和态度，能力是绩效的重要组成部分。只有直接上司把接班人培养好了，公司才有可能给他晋升的机会。这种无替补不晋升的压力机制，有助于实现管理队伍或人才队伍的无缝对接和永续接替。在制订与实施直接下属个人开发计划或能力提升计划的过程中，直接上司扮演着重要角色，能力提升计划理应成为管理者不可或缺的重要工作。根据韦伯的行政管理理论，管理者的权力主要包括世袭权力、法定权力和个人魅力，其中，个人魅力包括大爱、奉献和责任。从个人开发计划角度看，管理者在绩效辅导过程中表现出来的逻辑性的表达和谦虚的态度，都会散发出一种个人魅力，这不仅利于员工的能力成长，对管理者树立自身权威也有一定的作用。

一、制订个人开发计划

个人开发计划是战略性绩效计划的重要组成部分，如果一套绩效管理体系缺乏告诉员工怎么提升绩效的信息，那它就没办法帮助员工去改善业绩和提升能力。理想绩效管理体系的一个重要特征是意义性，这种有意义性不是追求过去的成功，更重要的是未来的能力提升和业绩改善。个人开发计划包括开发目的、任务分解、职责分工、开发方式、进度安排、衡量标准、预算安排和资源支持等内容。开发的目的是改进未来绩效和提升未来能力。任务分解就是说到底开发什么样的能力，这些能力到底包括哪些知识，具体包括什么技能。对开发进度的过程监控不可缺少，企业要有对开发进度的衡量指标。如果没有什么标准来衡量工作进度，相关方就不知道要干到什么程度，也就没有奋斗的方向，开发效果也会受到影响。开发活动需要钱或资源的支持，预算安排和资源支持则是对计划实施的保障。个人开发计划的形成过程如图6-1所示。需要指出的是，在个人制订开发计划时，管理者需要减少员工的防御心理、提升员工对绩效管理满意度、强化员工参与及其对绩效管理公平性的感知。

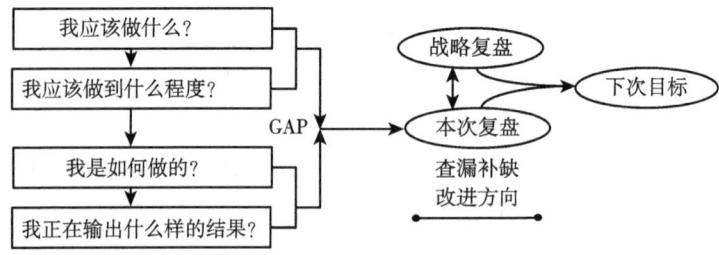

图6-1 个人开发计划形成过程

个人开发计划是针对现在和面向未来导向的。在制订和实施个人开发计划时，要尽量少地考虑沉没成本，尽量多地考虑边际成本和机会成本。

沉没成本指向过去曾经发生过的，已经花掉了，但是不会产生价值的成本和费用。例如，某部门曾经为了开发一款手机做了很多设计，结果不能用，这就属于沉没成本。决策一般不考虑沉没成本，如果考虑沉没成本，那就会使决策变得格外沉重。边际成本指向现在，例如，某部门在生产过程中每多增加一个产品需要增加多少成本，这就属于边际成本。机会成本指向未来的选择，企业的资源是有限的，在有限的资源下，要尽可能做自身具有优势的事，如果做一件事，可能就不能去做另一件事。机会成本意味着在资源有限的情况下，决策者要有所取舍。

个人开发计划要为员工的未来发展提供机会。如果不能给予员工纵向发展机会，也要考虑为员工提供横向发展机会。横向发展包括工作扩大化和工作丰富化等。工作扩大化是使员工工作范围扩大或提高工作多样性，工作丰富化则是赋予员工更多的责任和权利。员工在做一件事情的时候，最开始很有新鲜感，随着时间的推移，每天干同样的事情，他可能会感到疲倦，此时，管理者要给他更多的工作或者换一个工作，让工作扩大化。例如，员工以前做一件事，现在让他多做一点，或者说以前在这个部门工作，现在把他调到另外一个部门做不同的工作，又称岗位轮换。通过横向发展，员工的主观能动性就能得到进一步的激发。刚开始，人的潜力、人的主观性会比较好，随着时间的推移，到了一定的时点，因为天天做同样的事情，工作激情就会下降。分工对效率的影响随着时间的推移，会呈现一个抛物线的形态。抛物线有个临界点，到达临界点之前，员工能动性不断加强；但到临界点之后，员工工作会越来越没有激情，此时就有必要进行工作的扩大化。工作丰富化是什么意思？例如，员工在一个岗位上干久了，觉得没激情了，此时，管理者就有必要分配更多具有挑战性的工作给员工，员工在不断地做富有挑战性的工作的时候，就会保持足够的工作激情。

二、实施个人开发计划

个人开发的目的是业绩改善和能力提升，不仅把事情做得更好，而且能提升员工能力。个人开发是未来导向的，不仅要关注短期的目标，更要关注长期目标。个人开发计划的短期目标就是改进当前的绩效水平,在干的过程中学习解决问题的方法。个人开发在短期是要花钱的,这是一种人力成本的概念。但从长期来看,花的钱是一种投资,花了少量的钱,最后赚到更多的钱,这就是人力资本投资。个人开发的长期目标是提升下一个阶段的绩效,实现能力的持续发展。个人开发强调将过去的经验与教训转化为改进未来的一个重要的知识积累,也就是如何解决过去绩效存在的问题,如何不断地学习与成长,未来的业绩怎么做得更好。

现在的商业环境是一个易变、不确定、复杂、模糊的环境,唯一不变的是变化。在这样的商业环境中,企业所需要的不是"聪明人",而是具有成长型思维的适应性人才。这样的人才有旺盛的好奇心,能够在探索中不断成长。他们善于换位思考,能从理解他人中不断学习成长。他们积极接纳反馈,能从经验反思当中成长。他们能主动适应变化,能从体验逆境中不断学习成长。

个人开发方式包括绩效辅导、授课、导师指导、岗位轮换和授权、员工自学、参加学术或行业会议以及进修学位课程等。需要指出的是,企业的个人开发方式不同于学校的人才培养方式,它一定是一种契合成人学习的开发模式。成人学习的基本框架是"721"的模型,也就是70%是工作中的学习,20%是向他人学习,10%才是传统意义上的理论学习。其中,在工作中学习有三种典型模式。第一种是基于职业生涯发展视角的轮岗培养模式,就是让有潜力的员工在职业生涯成长的不同阶段进行轮岗训练。第二种模式就是基于解决具体问题的视角,让员工承担挑战性的工作任务,问题解决的过程也就是员工个人成长的过程。第三种是基于培训学习的视角,就是设计一个具体的员工学习项目,使用训练与实战相结合的方法促进员工学习的模式。

绩效辅导又被称为在职培训,在实践中表现为师徒制的一种制度设计,它通常被嵌入战略性绩效执行过程中。在工作场所里,员工的直接上司就像老师或教练一样,针对工作当中出现的问题和疑问,上司与员工一起探讨,给出一些建议。通过绩效辅导,使员工更好、更快、更有效地完成绩效,员工自身的能力也一并得以提升。人力资源部在绩效辅导工作中只是承担一部分责任,更多的责任应由直接上司来承担,直接上司才是真正的老师。通过绩效辅导，也能将团队中每个人的经验变成一种知识财富，从而使员工的能力得到提升。

培训师授课类似给学生上课，在授课的过程中，大家真诚地指出别人的问题。但如果授课只是培训师在线上做一个宣讲，师生之间没有互动，那员工就不一定能够掌握真正的知识。因此，培训课程应该是线上与线下相结合，更重要的是要有一些互动、体验和演练。例如，讲授科学设计绩效指标时，可以让学员具体地对KPI指标设计进行实战演练，然后通过培训师的一个纠偏来使学员掌握KPI指标设计的关键技能。

导师指导和师徒式的绩效辅导不一样，师徒制的老师一般指员工的直接上司。按照法约尔（2017）的统一指挥和统一领导的原则，员工的直接上司有且只有一位。如果员工有若干个直接上司，很可能出现多头领导问题。相对而言，导师的概念较为宽泛，一般不是指直接上司。三人行必有我师，一切有能力的人都可以成为导师。导师的学历也许不高，但是经验丰富。导师也许不懂管理，但他懂技术，尽管在管理方面他可能当不了导师，但在技术方面他可以做指导。

岗位轮换是工作扩大化或工作丰富化的一种方式，有助于使员工的工作潜力或工作激情重新振奋起来。如果员工一直在一个部门，同一个部门的人大家就是同一个套路和逻辑，久而久之，他就会对工作感到厌倦。岗位轮换就是通过跨部门工作对员工进行开发，员工在一个多元的岗位工作情景中，更能获得一些多元的知识。这样，员工的思维肯定会打开，工作热情也将得以激发。例如，将一个在人力资源部工作的员工轮换到生产部，他与生产部一起共事时，每个人考虑问题的视角不一样，每个人的知识储备不一样，这将使该员工的能力成长得更快。

任务授权又被称为短期任务安排。如果某项任务属于某位管理者职权范围，但他可能还有更重要的事要做，那他就可以将这项任务授权给下属去做，并给予资源支持。在下属承担任务之后，上司要辅导他；任务完成后，上司也要把权力及时收回。员工在工作过程中遇到困难时，就可以向授权方请教，从而管理者的经验通过请教的过程传授给员工。授权不授责，管理者在授权的同时也具有相应的责任。也就是管理者把工作安排下去之后，要进行监督与辅导，只有这样，员工才能获得开发机会并取得开发效果。

员工自学就是指定教材给员工自学，或是发教材给员工，或是员工自己去买教材，然后企业报销教材费用。在规定的时间内读完后，要进行学习效果检测。员工自学是一种成人学习，如下策略有助于引导员工自学。第一，明确成人学习目的的实用性。对成人学习来讲，知识有用才是真正的学习。职场上的学习就是为了解决一个工作和生活当中的问题，因此要从员工的工作实际需要出发，看他到底需要去补充和学习哪些知识，要使他在学习之后，能马上学以致用。第二，搭建属于自己的知识框架。高效的学习是让员工确定一个有效的知识框架，这样员工在每次学习时，就可以把新知识不断嵌入自己的知识框架里，不断对原有的知识框架进行拓展和完善。第三，真正理解事情的本质。员工要会调用自己以前的知识框架，来对现有知识信息主动地进行信息加工和解码，从而能够真正理解事情的本质。第四，进行学习迁移。员工要不局限于自己所处领域内的深耕和钻研，更多的是凭借其他的兴趣和经验的融合，实现跨领域的知识迁移。第五，输出才是最好的学习。输出就是教别人，以教促学。让某人去充分理解某个事物，最好的方式是让他去给别人讲授这个概念或者知识。如果某人能把某个概念给别人讲清楚，那就意味着他已经充分掌握了这个概念。

此外，鼓励员工参加学术或行业会议，让员工了解新的技术、思想和理念，把握经济发展、行业态势等。进修学位课程则是企业给予员工继续进修高层次学位课程的机会。

与绩效计划活动一样，个人开发活动也需要员工和直接上司的共同探讨，需要考虑员工个人的兴趣，并给予资源支持。如果企业鼓励员工去读书进修，却不给员工报销学费，就是一种不支持的表现。企业既然鼓励员工外出读书进修，当上课时间与工作时间重叠时，如果企业不同意员工请假外出上课，那就是对员工个人开发不支持的一种表现。同样，如果企业让员工去外面参加培训，但不给报差旅费，那么员工怎么会愿意去参加培训呢？这也是对员工个人开发不支持的一种表现。从这个角度看，管理者要学会换位思考，格局要大一点，既然把员工派出去学习，就应该思考员工需要得到哪些支持。人必须终身学习，但成年人一般是不太想出去读书的，怎么解决这个矛盾呢？管理者就需要给予员工足够的资源支持，以激励他们去参加培训。因为战略性绩效开发是一种长期导向，是一种吸引、激励和留住人才的长期投资。

第二节　战略性绩效辅导模式

绩效辅导是战略性绩效执行过程中很重要的一项工作，也是一种重要的个人开发方式。绩效辅导应该成为管理者大部分时间从事的一项本职工作，一些企业的绩效辅导在个人开发方式结构中甚至占到70%。在绩效辅导中，直接上司扮演着教练角色，直接下属就是学生，他们把工作的场所当成开发的场域，把工作当中的问题作为素材，从而师生在干中学的过程中得以共同进步。管理者要通过绩效辅导，帮助员工去提升能力，要让员工感到这种帮助是无私和真诚的。尽管大家各有各的个性，但是大家能相互支持。直接上司与员工之间要建立起一种情感连接和信任，让员工有一种归属感和快乐感，从而促进员工、管理者与企业的共同成长。

一、扮演教练角色

直接上司在绩效辅导中起着关键的作用，他充当着类似体育教练的角色。很多企业推行师徒制，师傅是徒弟的直接上司，徒弟是上司所带的直接下属，他们之间是一种师生关系。工作场所就是教室，师徒在工作场所一起探讨怎么解决问题，工作过程就是一个学习的过程，也是一个员工开发的过程。在绩效辅导过程中，直接上司充当着教练的角色，员工则充当学生的角色。就像足球赛中的教练与队员之间的关系一样，直接上司是一个教练的角色。在这种情况下，教练不能说自己踢得好，直接跑到球场上踢球去了，这就不是一个好的教练或管理者。直接上司应该始终在场外，其主要职能是教导队员把球踢好，也就是把员工辅导好。教育是一种艺术，怎么教一个人，这是一门管理者需要学习的学问，一位好的管理者应该是一位好的教育者。

直接上司应监控员工完成开发目标的进展，开发计划里有衡量指标，直接上司应利用这些指标监控员工是否达到目标，检验个人开发的完成的情况。而且，在绩效辅导过程中，直接上司还要提供资源支持。例如，采取授课方式来开发员工，就应保障员工听课的时间，也要安排场地以及导师。直接上司可以通过前馈式面谈，帮助员工挖掘出那些能够带来成功或者提高工作满意度的因素，让员工始终处于一种被激励的状态。例如，时刻给员工鼓励，让他觉得读书是有用的，开发是有用的，对自己的能力和职业发展是有用的，从而让他们始终感觉到一种学习激情。当然，管理者也需要被激励，直接上司的上司在考核直接上司的时候，要把直接上司对员工的绩效辅导结果作为管理者薪酬设定的重要依据，并在考核中确定一个重要指标用来考核他对下属的开发情况。只有这样，管理者才有动力去开发员工，有动力去从事开发活动，或是愿意对下属进行能力的开发。

二、绩效辅导技能

绩效辅导与绩效评价是交错进行的，二者相辅相成。直接上司要熟悉企业业务，要对企业未来重点扶持的业务单元和方向有清晰的理解，也要理解企业战略，有全局观和系统观。在绩效辅导时，直接上司要既见树木，又见森林，不能片面地看待问题，而是要全局性地看待问题。直接上司要具有发现问题、分析问题和提出问题解决方案的能力。

一是学会观察并准确地记录员工绩效。行为观察培训课程涉及管理者如何通过观察把员工的绩效记录下来，这需要管理者具有洞察力。像面试一样，面试几个应聘者，有的面试官不一定要提问，只要看一看应聘者的行为，就能看出应聘者的特质。将之迁移到绩效辅导工作中，就是一种观察并准确记录员工绩效的能力。为准确地记录员工绩效，教练在与员工沟通时，要积极倾听并有效提问。正如古希腊哲学家苏格拉底所言，上帝将两双耳朵和两双眼睛给予了人类，但只给了人类一张嘴巴，目的是希望人们能够多听、多看、少说。在倾听时，可以尝试加入自己的理解、感情和解释，从而逐步地理解对方所要表达的内容以及内容背后的情绪和情感。

第六章 战略性绩效开发机制

有效提问的关键则是所问的问题不是封闭式问题,而是开放式问题。开放式问题的回答是一个描述性的答案,没有绝对的对错之分,管理者与下属沟通时要注意向员工抛出开放式问题。因为开放式问题能给员工更多的启发,从而管理者也能获取更多的信息。

二是掌握绩效反馈的操作方式方法。管理者要及时提供正面的反馈。例如,员工做了一件觉得值得表扬的事情,那么管理者要及时地给予他正面的肯定。管理者表扬的不仅是员工的过去,还要延伸到管理者对员工未来的期望,要抛出一种期望。如果管理者只说员工过去做得不错,那只说了一半,没有表达完整。表扬要有效果,不是说过去做得多好,更重要的是希望员工未来做得更好,这才是表扬真正的目的所在。首先,管理者要耐心和具体地描述员工的行为,是描述而不是判断,是对事而不是对人。其次,管理者要客观和准确地描述这种行为所带来的后果,而不是指责员工。再其次,征求和倾听员工的看法,从员工的角度看问题。最后,探讨下一步的做法,提出建议及这种建议的好处。

负面反馈往往可能比较难操作,通常的办法使用"三明治"法。所谓"三明治"法,就是先从表扬开始,然后再批评,批评的时候要提一些建议。管理者应清楚地指出员工哪里做错了,然后提出最好怎么做才会做得好一些的建议,最后要给予表扬。也就是先表扬,接着批评,然后再表扬,最后给出期望。而且,就算是管理者知道员工做错了,也要给员工足够的信心。在这个过程中,管理者要让员工体会到,他是希望员工做到更好,而且愿意帮助员工以后做到更好。只有这样,才能让员工感觉到管理者与大家是站在同一战线的同事关系,而不至于让员工产生一种外在或被动的压力感。首先,管理者要客观、具体和清楚地说出自己所观察到的不良工作习惯,管理者只对行为而非性格或动机进行描述,不要判断,同时指出引起自己关注的原因。其次,管理者要表述自己的感受或反映,以及此行为给别人带来的影响,询问员工原因并以开放的态度聆听说明,同时强调必须改善的工作习惯,并请员工提出具体解决方案。最后,请员工协助讨论每个提案,与员工一道议定具体行动及追踪日期。批评要围绕中心工作,抓住根本性问题,要有适宜的环境保证。要及时批评,因人而异,管理者也要主动承担责任,着重批评可以改正的错误。管理者要营造轻松气氛，重视语言艺术，提出批评后的解决措施，并对批评的事件适当保密。

负面反馈不仅会使员工不太舒服，也可能会使管理者自己不太舒服。很多管理者不愿意去批评员工，担心得罪人，或是使员工产生抵触心理。管理者也有可能觉得负面反馈要提供证据，如果他平时没有做记录，那么他就不愿意去提供负面反馈。但负面反馈是必须要做的，如果员工做错了，管理者不给予批评，就会使员工误以为自己做得对，那么管理者就相当于给了员工一个错误的信息。小问题慢慢地累积起来，就可能会发展为一个大的问题。一旦面对大的问题，管理者就只能实施惩罚了。因此，要使负面反馈有价值，管理者就应该尽早反馈。

三是提高绩效审议会议组织水平。绩效审议要有经常性的会议，也要有非经常性的会议。经常性的绩效审议会议流程一般包括讲清楚会议的目的、员工的自评、展开讨论、考虑员工的能力开发问题、员工总结、讨论薪酬问题、确定跟进会议、认可评价结果及讨论申诉程序、领导最终总结等。好的管理者应该具备归纳总结能力，讲话也要有严密的逻辑，讲话的逻辑都是总分总的结构。在讨论问题的时候，员工有可能产生攻击性的反应或者逃避性的反应，其中，攻击性的反应可能表现为吵架，逃避性的反应是管理者讲什么员工都听不进去。不是说每一次绩效的审议都要是正式的，很多时候可能需要一些非正式的反馈渠道，非正式反馈渠道有时候效果更好。如果管理者与员工存在矛盾，处于无法沟通的状态，那么可以选择一个比较轻松的环境，来讨论一些严肃的问题，这可能会取得比较好的效果。

管理者与员工建立并维持相互信任可以降低员工防御心理。在讨论一些不愉快的事情时，员工的防御心理实际上是源自双方缺乏信任。如果管理者能站在员工的角度去思考，留意员工的体态语言，鼓励员工的参与，那将会大大降低员工的防御心理使员工的防御心理和威胁最小化。但当员工的防御心理不可避免地出现时，管理者要承认这些态度是合理的。这时，管理者要大度一点，要允许员工把情绪表达出来。如果不得已，管理者可以稍微延迟一段时间，等员工的情绪平复下来之后，再重启绩效审议会议。

第三节　战略性绩效激励机制

实践中，一些公司往往将满意度当作敬业度。但事实上，满意度并不等于敬业度。如果企业的福利待遇好，工作轻松，那么员工自然会觉得满意。但员工对企业满意并不意味着员工会全力以赴为企业付出，会与企业同向同行。满意度是单向的，敬业度才是双向的。员工对公司满意意味着员工得到了的培养、辅导。在员工试错时，如果企业能够包容员工的错误，那么员工可能才会真心地去投入工作。当企业抱怨新生代员工没有敬业精神或对公司没有忠诚度时，要反思是不是管理者的管理方式没有转变？是不是企业也有对不起他们的地方？敬业度更重要的是关注员工的心情，了解他们的短板，能激励员工，建设包容性的企业文化。只有员工的敬业度提高了，员工才不容易跳槽或被竞争者撬走，企业才可能塑造出一种支撑战略的核心竞争力。

一、绩效考核过程激励

绩效考核过程的激励作用是通过绩效考核的公平性操作带给员工激励的效果。绩效考核是从绩效目标制定，衔接到绩效评价、绩效面谈和绩效反馈等绩效管理工作，得到考核结果并加以运用的一个过程。在目标制定方面，从战略澄清得到部门目标，并设计部门 KPI，再由部门 KPI 分解到部门主管的 KPI；之后，把部门 KPI 公开给部门成员，部门成员对照部门 KPI 去制定自己的 KPI。当 KPI 初步形成后，要组织沟通会议，对各级各类的 KPI 进行对齐，也可以参照历史数据和各自的能力情况，制定合理并有挑战性的目标。在制定目标时，上下级之间很可能讨价还价，因而制定的目标可能比较保守，而不是一些挑战性目标。考核结果的运用与绩效目标的制定之间彼此关联，没有挑战性的目标就不能激励员工，不能让每个人发挥自己最大的潜力，也培养不出员工的弹跳能力。

挑战性的目标不要求每个人百分之百完成目标。如果企业要求每个员工百分之百完成目标,那么一位员工制定了一个挑战性目标,最后没有完成目标,就可能拿不到奖金;反之,如果另一位员工制定了一个很保守的目标,最后完成了目标,却能拿到奖金。这种绩效目标的设计实际是在鼓励大家保守,会导致大家定目标时都会定得很保守,这对那些承担挑战性目标任务并工作努力的员工很不公平,这是一种逆向的淘汰机制,一种负向激励。由此建议以完成的绝对值而不是完成率作为评价结果的依据,这有助于员工与管理者一起制定出有挑战性的目标,从而使挑战性的目标能对员工形成正向的激励。

绩效目标定下来以后,管理者要全程关注绩效管理过程,其中绩效辅导非常重要。员工与管理者都应聚焦于为客户创造价值,放弃与有效产出无关的追求和行为。绩效辅导是绩效管理过程中员工与管理者共同发现问题,管理者则需要及时给予员工辅导,并及时帮助员工去改进绩效。如果未来形势发生变化,原定决策不再是最优选择,管理者就可以更快地形成替代方案,在变动的商业环境里,管理者与员工之间的交流就应该直接有效,这能让所有人充分地提供高质量的决策输入,避免出现信息拥堵。考核结果出来以后,管理者要论功行赏,区别对待。因为没有对比就没有管理,没有对比就是不公正,每个人的贡献不一样,自然需要区别对待。

战略性绩效管理已经从传统的静态管理变成一种动态管理,从裁判导向的绩效考核变成教练绩效辅导式的管理方式。绩效管理过程的前端是绩效计划、绩效执行和绩效评价等,后端才是绩效考核和薪酬管理。企业要引导员工把前端的事情做好,将注意力先放在前端,关注如何做大蛋糕,而不是一开始就来到了后端,引导员工考虑怎样分配和考核。如果能先做好前端的绩效管理,那绩效的产出结果将水到渠成。战略性绩效管理尤其注重绩效沟通和辅导,沟通和辅导应始终贯穿于战略性绩效管理的执行过程中。

在战略性绩效管理过程中,更多地要考虑绩效考核与战略目标之间的紧密关联,而不是绩效考核与薪酬的直接关联。企业要注重更加多元化和动态的绩效评估,包括自评、月度、季度等各个层面的周期性复盘,都是在做一个敏捷评估的动作,都是在做过程管理。管理者要避免平时不关注、不过问，年底"秋后算账"和"抓辫子"。管理者不要等到一年结束了，才来作最后的年终考核。管理者与其在年终木已成舟的时候"抓辫子"，不如一开始就实施前瞻性的管理，参与到整个绩效管理过程中，并且有效地实施和管控。从这个意义上看，战略性绩效管理的本质是先做好目标管理，做好人才开发，最后才会水到渠成地得到绩效结果。

二、绩效薪酬激励

绩效管理、绩效考核与薪酬管理三者既相互区别，又相互关联，这是一种辩证思维。绩效考核内嵌入绩效评价中，绩效评价服务于绩效管理目标，而不是绩效考核或薪酬管理。绩效管理与薪酬管理相互交叉，绩效薪酬仅是绩效考核应用于薪酬管理的领域之一，绩效薪酬绝不是薪酬的全部。绩效考核涉及每位员工的切身利益，影响员工的晋升和薪酬水平。实际上，广义的薪酬不单纯是一个钱的问题，其中70%是职业发展机会，20%是感情留人，10%才是狭义的薪酬。通常，绩效辅导要比绩效结果分配或现金薪酬重要很多，因为现金薪酬通常需要与绩效考核结果挂钩，但绩效考核不可能做到完全客观，只是相对客观。将现金薪酬与相对客观的绩效考核结果挂钩，它的说服力十分有限。当然，如果绩效管理体系与薪酬管理体系没有很好链接的话，那么绩效管理体系也难以运行。绩效管理体系与薪酬管理体系之间存在一种若即若离的关系，更重要的是如何实施绩效管理与薪酬管理的行动。

在知识经济时代，人才是自主的，他可以自主决定工作投入程度，自主决定为企业做出多少贡献。企业可以买到人才的时间，但是买不到人才的热情、创造性和投入。为激发人才的热情、创造性和投入，企业要把个人发展目标和组织发展目标统一起来，让员工的个人利益与企业的长远利益持续地保持一致。得人心者得天下。只有员工理解管理者的愿景，把自己当成企业的主人，他才会承担起帮助企业达成最优绩效的责任。在员工绩效达成过程中，管理者要给予他们充分和高质量的讨论，同时对员工关键技能要进行持续有效的沟通、辅导和反馈。这会让员工更好地找到自己职业的成长方向，也会让员工感受到自己在工作和成长的过程中，自己是被企业所关注、所重视的人。在现实的人才争夺战中，企业与其焦虑于外部的那些不可控因素，不如把注意力放在内部，更加专注于组织内部，建立更有弹性的支持员工成长和发展的组织氛围和文化。氛围和文化尽管显得比较"虚"，但"虚"的事情要做"实"会更难，因此需要管理者付出心力和智慧。

管理者要给下属提供辅导和反馈，提供帮助员工发展的资源，支持员工的成长和发展，让下属切实地体会到来自直接上司的获得感和幸福感。管理者通过肯定和表扬团队所取得的成功，可以巩固和激发团队成员士气。管理者可以把光环从自己身上转移到团队成员身上，让团队成员人人都有闪光点。管理者的心态要开放，开诚布公地与团队成员分享自己的经验，让下属切实地体会到来自直接上司的获得感，同时管理者要能接受团队成员的不同观点。留人更重要的是留心，留心就是企业给员工发展空间，这就叫发展激励。尽管绩效辅导、职业规划、对敬业度的培养等激励方式看起来很虚，但这些激励方式比金钱激励更不容易操作，也更为重要。感情激励表现在团队关系、领导与员工的关系上，也表现在员工在企业里开心并有安全感。只有员工有安全感、归属感和家的感觉，他才不会伤害自己的家人，大家才会成为相互忠诚的一家人。

狭义的薪酬激励就是靠加工资来激励。相较于新生代之前年代的员工，新生代员工对钱或加工资不再如此敏感。新生代员工想的更多的是广义的薪酬，他们期待过得舒服、开心，或有家的感觉和更多的长远发展愿景。钱既是最不重要的，也是最重要的，但是钱的激励一定最容易操作。从另一个角度看，绩效管理既是最重要的，也是最难做到的。企业除了要让绩效考核服务于薪酬激励之外，更重要的是需要改进绩效、分析绩效不达标背后的原因、提出能力提升计划。

如果要让绩效考核服务于薪酬激励，就要做到奖优罚劣，而不是"平均主义"甚至"奖劣罚优"。"平均主义"是对人性的最大考验，是把企业交给了人性，而不是交给规则。对于一些绩效不合格的员工，管理者要及时地对其进行辅导，从帮助的角度去辅导员工。冲突是问题出现的信号，也是解决问题的极好机会。管理者需要冷静地探索冲突的原因，换位思考，更加理性地去处理一些事情，与员工一道解决问题，而不是采取情绪化的处理方式。绩效考核的本质是从考核结果出发，发现管理问题，以此指导管理者做决策，帮助员工成长。尽量不要将绩效考核与薪酬核算直接关联，因为绩效考核的目的是从结果中找出差距及其背后的原因。在找到差距和原因后，管理者要采取提升、培养和辅导等一系列行动。这不仅会让员工变得更好，也会使企业上下统一、左右协同，并由此实现企业战略。

三、多元绩效激励

物质激励肯定很重要，但其激励效果所维持的时间会非常有限，多元绩效激励包括薪酬、福利、发展和环境。薪酬和福利是吸引员工进入企业的门槛，当员工进入企业之后，仅有薪酬或福利很难实现对员工的长期保留或充分调动员工积极性，很难让员工把企业作为自己学习和发展的平台。因此，企业更需要在员工发展和环境方面做长期投资。在实践中，企业往往会更多地关注薪酬或福利，对发展和环境的关注相对不够。如果企业仅仅把精力或注意力放在薪酬或福利两个层面，很可能不会产生很好的效果。

激励机制可视为企业上层建筑的重要组成部分，企业家一定要重视激励机制这一上层建筑的设计，一定要预先储备相关知识，带着理性和共享的理念来设计企业的架构，才有可能与员工个人实现长期而高效的共创。随着新生代进入职场，企业需要做的一件事情是真正去唤起他们对于企业的主人翁意识，将一种非常强的二元对立关系，调整为一种企业与人才之间的共生关系。

企业有必要主动而前瞻性地设计多元的激励机制结构。因为个人对企业给予他的薪酬或福利会有一个预期，企业通过涨薪的方式来激励员工，那么很可能在给他涨薪时他是会受到一定的激励和鼓舞，但随着时间的推移，超过某一个临界点之后，这种做法甚至会产生负向激励的效果。当然，如果企业在发展一片向好的时候，企业有实力涨薪，员工肯定是愿意努力工作的，因为他们对企业充满期待。但在实践中，如果遇到了一些瓶颈，或是处于比较低谷的时候，如产品转型、人才梯队转型，有时候甚至处于青黄不接的状态。那企业很可能没有实力涨薪。因此，绩效激励是多元的，企业要提前规划好多元绩效激励体系，未雨绸缪很重要。最糟糕的激励体系是在优秀员工提出离职的时候才想用激励来留人，但很可能已经晚了。激励机制设计的初衷是，企业在遇到一些困难的时候，也能使员工不至于对企业丧失希望。

真正能够让员工始终保持激情热情，并对企业有忠诚度的激励方式是成长激励，因为每个员工都希望在企业里成长。管理者及时地向员工进行绩效反馈，这将使员工从内心产生一种成就感，从而驱使员工更努力地工作，寻求更大的业绩突破。管理者及时地进行绩效辅导，会使员工在专业领域或管理领域的能力得到成长，从而使员工获得更大的成长空间，并能承担起更大的责任。成长空间不单是晋升，如果企业只是把晋升当作成长空间的全部，那么其激励效果势必难以持续。因为晋升的职位毕竟十分有限，尤其对于处成熟期的企业更是如此。如果员工不能纵向晋升，那可以给予员工横向发展的空间，让他承担更多的责任，给予他更多的授权。事实上，员工从来没做过的事情往往具有挑战性，它能让员工感受到一种信任和责任，这种感觉可能不亚于晋升所带来的激励的效果。

如果企业对新生代员工仍沿用以往的物质激励方式，可能并不能引起他们太多的情感波澜。对新生代员工的情感激励变得非常重要，因为他们的物质生活相对充裕。管理者要与员工共建一个情感账号和心理账号，这个账号类似银行账户，如果管理者能在情感账号里不断地存入情感，账号里就会有越来越多的情感，管理者与员工之间的情感就会越来越稳定，越来越相互信任。管理者在日常工作中，要维护与员工之间的情感。不要出了事再去修补，那可能已经晚了。但也不需要太刻意，而是把持续的存款行为形成一种习惯，每天给情感账号里存点款。其实，员工很在意管理者怎么看待自己的工作，在意是否被人赏识，这是人性的一部分，也是员工的心声。

管理者要善于向情感账号存入情感，少做或不做伤害彼此情感的事。例如，赏识他，对他礼貌，做错了事赶紧认错、道歉，请对方原谅，尊重不在场的人，信守诺言，理解别人等都是存款行为。如果管理者做出伤害情感的行为，就类似在情感账号取"钱"。例如，管理者对员工漠视、不守承诺、自以为是等，这都是管理做出的取款或提款行为。如果管理者不存入情感，而是不断地消费或透支情感，那总有一天情感账号余额会变成零甚至负数，结果就可能造成人才流失。如果情感账号里的情感越来越多，那管理者与员工之间的关系会更稳固，员工会更有动力去工作，也不太会流失。

企业实施情感激励，就是让员工有一种安全感和归属感，让他们在企业里能快乐地成长。企业要保证他们在职业环境中是安全和快乐的，保证同事之间能够成为朋友。管理者与员工在一起工作之余，还应给予一起娱乐的机会，这就是让员工有一种安全感和归属感。在这个有安全感和归属感的氛围里，尽管员工在企业里干得很累，目标定得很高，工作压力很大，甚至彼此存在着竞争关系，但如果企业能使所有员工开心，相互团结、相互帮助，那么他们的成长会更快，更有动力工作。管理者不仅要把自己的业务做好，更要腾出一些时间对员工进行辅导。企业的所有事情都需要通过人去做，如果员工的积极性不高，被动地响应一些事情，那就很难把事情做好。如果管理者先把人的工作做好，把员工的主观能动性激发出来，员工自然会把事情做好。一旦员工的主观能动性被激发出来，那么他们的工作自然会做好，甚至会超过管理者的期望。

第四节　本章小结

战略性绩效开发涉及薪酬、福利、发展和环境等内容，是吸引、激励和留住人才的一种长期投资。个人开发计划包括开发目的、任务分解、职责分工、开发方式、进度安排、衡量标准、预算安排和资源支持等内容，其开发方式则包括绩效辅导、授课、导师指导、岗位轮换、授权、员工自学、参加学术或行业会议以及进修学位课程等。

在绩效辅导过程中，直接上司充当教练角色，员工充当学生角色。直接上司要实施绩效辅导就是要建立起他们与员工之间的情感连接和信任，让员工感到直接上司是无私和真诚地帮助员工提升能力，让员工有一种归属感、快乐感和信任感。为激励直接上司积极辅导员工，直接上司的上司要把直接上司对员工的绩效辅导结果作为管理者薪酬设定的重要依据。直接上司要学会观察并准确地记录员工绩效、掌握绩效反馈的操作方式方法、提高绩效审议会议组织水平。

敬业度和忠诚度是员工与企业之间双向的承诺，真正能够让员工对公司有敬业度和忠诚度并始终保持激情热情的激励方式是成长激励。绩效考核的公平性操作能带给员工激励的效果，没有挑战性的目标不能激励到人，也培养不出员工的弹跳能力。绩效管理体系要与薪酬管理体系之间很好链接，企业要从绩效考核结果中找差距及原因，并实施绩效提升、培养和辅导等绩效开发行动。

第七章 战略性绩效管理新兴领域

CHAPTER 07

随着工作环境的动态化,组织的内在结构设计正发生着深刻变革,越来越多的组织选择运用团队来提升组织效能。团队是个体与组织之间的桥梁,越来越多的企业在关注企业层次及个体层次绩效管理的同时,正日益关注团队层次的绩效管理。面对快速变化的全球化环境,企业纷纷实施国际化战略,国际人力资源管理应运而生。适应于国际人力资源管理的复杂性,企业有必要将国际绩效管理系统进行适度调整,以便有效地管理外派员工。国际企业面临的主要挑战是理解和处理国家文化在人力资源管理及绩效管理实践中的作用。信息技术的发展改变了人类的生活方式与商业行为,许多企业管理活动会因信息技术的导入而产生改变。随着人力资源管理其他职能模块的电子化,绩效管理的电子化俨然成为一种必然趋势。

第一节 团队绩效管理

在动态和复杂的环境中,越来越多的企业采用团队的形式开展工作。战略绩效管理体系不仅要关注个体,还应该关注团队层次的绩效管理。当两个或两个以上的人彼此之间存在动态的相互作用,并且拥有共同珍视的目标时,他们就成为一个团队。加之在信息化日益发达的今天,无论人们是在不同的组织之中,还是在不同的地理区域之内,他们都有可能成为同一个团队的成员,从而虚拟组织成为一种被广为接受并广泛应用的组织形式。

一、团队绩效管理的意义

团队是两人或两人以上的个体具有互补才能,认同一个共同目标,为达成特定目标和完成共同的任务,设定绩效标准,彼此协调一致、相互作用、相互依赖、相互信任,而组合在一起的正式群体。团队最显著的特征是团队成员拥有各自的专业技能,成员之间能共同合作、相互支持和坦诚沟通。作为一个能够互动合作的团队,团队成员能体会到休戚与共的感觉,具有以共同成就为荣的意识,并能有效地运用个体成员的才能,创造高水准的团队绩效。团队成员相互依赖,能公开表达想法和意见,能公开而坦诚地沟通,并建设性地解决冲突。团队在企业中越来越盛行的原因是它形成了团结精神,能把管理层从事务性工作中解放出来从事战略层面的思考,而且能接纳更为灵活的决策,实施工作多元化,提高绩效水平。如今的组织中最常见的团队包括自我管理团队、职能团队、跨职能团队和虚拟团队四种类型。其中,虚拟团队指那些利用计算机技术把实际上分散的成员联系起来以实现共同目标的工作团队,它更倾向于任务取向。

如果要将团队绩效纳入绩效管理体系中,就必须确保企业有真正的团队,确保对衡量团队绩效的投入,清晰地界定衡量绩效的目的,采用多种方法衡量绩效,同时关注过程和结果,以及衡量长期性的变革。高绩效的工作团队表现出清晰的目标、相关的技能、相互的信任、共同的承诺、良好的沟通、谈判的技能、恰当的领导和内外部支持等特点。若能对团队进行有效的绩效考评,对组织至少有以下好处:一是缩短达成任务所需要的时间,增加整体反应速度与弹性,增加组织解决复杂问题的能力;二是集中组织资源,并将其运用于满足顾客需求,加强组织的创造力与竞争力;三是鼓舞和帮助组织成员学习新的技能与方法,提升职能发展。

如果企业绩效管理制度中包含了与团队有关的组成部分,那么必须明确以下问题:如何评价个人的相对贡献;团队某一个成员做出的贡献与其他成员相比有多大;是否存在偷懒或"搭便车"的人;如何衡量和平衡个人绩效与团队绩效;如何激励团队成员为团队使命和目标而努力;如何识别哪些是个人绩效指标,而另外一些是团队绩效指标;基于这些标准,怎样分配基于个人的奖励和基于团队的奖励。只有通过共同的价值观将个人绩效、团队绩效和组织绩效紧密地结合在一起,企业的战略目标才能得以实现。

个人绩效是由个人能力和专业化能力决定的,团队绩效也是由团队核心能力和团队合作程度决定的。因此,应在企业绩效的基础上确定团队绩效,进而在团队绩效的基础上确定团队成员的个人绩效。设计个人绩效管理系统,同样应遵循投入、转化到产出的理论逻辑,就是实现从个人绩效的知识、技能与行为等能力投入,经过行为方法转换后,产生个人工作成果。同样,团队绩效管理系统是通过团队的能力运作,经过人际关系互动与行为,创造团队合作模式与成果。最终,整合上述个人和团队的能力为企业核心竞争力或潜在绩效,创造出企业文化与价值观,进而实现企业绩效。团队绩效管理体系是个人绩效管理体系的自然延伸,在本书中讨论的有关个人绩效管理的基本原则仍然可以适用于团队绩效管理过程。

团队与个人密切相关,只有构建权责明确、流程合作、绩效共创的机制,才能创造优质的团队绩效。只有给予真正有贡献的团队与成员以公平合理的奖励措施,才能真正激发个人潜能,让团队绩效发挥最大化,最终提升组织绩效。团队的绩效奖励流程应在个人与团队间取得平衡点,以使成员感受到彼此间是相互依存与合作的,而且奖励应符合公平和弹性原则。绩效划分为任务绩效和周边绩效两个方面。任务绩效是与具体职务的工作内容、个体能力、完成任务的熟练程度和工作知识密切相关的绩效。周边绩效是指与周边行为有关的绩效,它有利于员工任务绩效的完成以及整个团队和组织绩效的提高。伴随着虚拟组织和以项目为基础的工作的出现,团队工作本身与周边行为紧密关联,非传统的周边绩效所倡导的周边行为使得团队运作更为有效。

二、团队绩效管理的过程

尽管个人绩效管理与团队绩效管理的基本原则类似,但团队绩效管理体系还需要关注个人绩效、对团队绩效作出贡献的个人绩效、团队绩效三个层次的绩效。要想使这套绩效管理体系取得成功,必须能够很好地平衡这三个层次的绩效系统。不同的团队有不同的目标、特点、属性和任务，其评价指标的重点也会不同，但是对不同团队的考评也可以遵循一个系统的流程，这个流程与只包括个人绩效的绩效管理流程是类似的（纪巍和毛文娟，2016）。团队绩效管理具体包括团队考评前的准备工作、确定团队绩效考评指标、界定团队成员个人绩效考评指标、分配考评标准的权重、确定考评的因素、分析绩效考评指标、团队绩效数据的收集等阶段（蒋跃进和梁樑，2004）。

第一，团队考评前的准备工作。团队绩效考评的参与者包括组织高层主管、团队管理者、团队核心成员、组织内部其他部门成员、外部供应商或顾客等。考评的内容包括个人层面和团队层面两个层面。其中，团队成员个人层面的考评内容包括工作表现，如知识、品质、态度和技术等，以及团队参与过程，如人际关系、沟通技巧、团队承诺和计划参与等。团队所有成员整体层面的考评内容包括团队目标规划与达成、团队合作模式、团队工作品质与产出、团队资源利用和顾客满意度等。在对团队绩效目标考评前，要根据企业的策略目标和顾客的需求，确定团队目标，再根据团队目标确定团队的战略。在进行组织绩效分析时，要确保其关键绩效指标与组织战略相关。企业应先以战略目标为基准，分析组织关键成功领域，再转化为团队整体和团队成员的目标和考评依据。

第二，确定团队绩效和个人绩效考评指标及其相应权重。在做好团队考评前准备工作的基础上，要从团队和个人两个层面来确定绩效考评指标。团队绩效管理会遇到一些挑战，它需要在个人绩效和团队绩效的衡量及奖励之间达到某种良好的平衡。通常使用顾客关系图、组织绩效目标图、工作流程图等方法来判断和构建团队绩效考评指标体系。在此基础上，界定团队成员个人绩效考评指标。团队成员对实现团队目标负有责任，为明确各成员对组织与团队的贡献大小，可以参考团队成员角色与团队绩效指标标准矩阵，界定团队成员个人绩效考评指标。该矩阵的横轴为团队绩效指标标准，纵轴为团队成员，矩阵中间每栏则是团队成员为支持团队绩效而创造的个人绩效指标群。由此，分配考评标准的权重。确定团队和个人绩效指标权重的方法有专家判断法、历史调查法、数据分析法等。毕竟，个人的成功不代表团队成功，团队的成功应大于个人的成就。

第三，分析绩效考评指标。考评因素包括一般性考评因素和具体考评因素。一般考评因素可以从数量、品质、成本和时效性四个方面来构建；具体考评因素可以使用量化和定性两种表达方式将上述因素加以细化。其中，质化的考评因素主要是明确判断绩效和需要评价的行为标准，通常与事件过程中的职能行为、事件、态度与气氛有关。绩效考评因素是判断团队和团队成员的工作内容，而绩效指标是对考评因素达成程度的测量，包括量化指标和定性指标。同样，设计团队绩效考评指标应遵循 SMART 原则。

第四，收集团队绩效数据。在收集数据资料时，同样要遵循即时性、准确与相关性原则。团队管理者通过收集的数据可用于考评和反馈，也可通过数据分析以支持决策。一般情况下，团队绩效数据的收集由内部完成，但也可以考虑由团队外部人员来完成数据收集。

三、团队学习绩效管理

学习能力是企业通过构建组织和规范程序，获取、转化与整合知识的能力（李杰义，2016），包括探索性学习、转化性学习和开发性学习三个维度（李杰义等，2019）。团队学习是一种团队的所有成员提出心中的假设，进而引起思考的能力（吴培冠和陈婷婷，2009）。当团队成员真正在学习的时候，团队整体更能产出优秀的成果。学习型组织是一种不断学习与转化的组织，在组织学习的基本单位是团队而非个人，通过团队学习能促进整个组织的成长。现今社会处于一个快速发展、剧烈变动和高复杂性的状态下，团队组织的形成逐步受到重视。在这个知识快速变化的时代，许多事情个人无法完成，只有依赖成员组成团队，集合团队中每个人的能力与特质，发挥团队的力量来完成。因此，集合众人的智慧与能力的团队形式在许多组织中得以形成，当一个团体能整体搭配时，就更能汇聚成共同的方向，调和个体的力量。

团队学习是指团队成员共同相互的学习，它是发展团体力量，使团体力量超乎个人力量加总的技术。如何做到团队学习？善用深度对话、讨论与练习，精熟团队学习是建立学习型组织的关键步骤。因此，团队学习是团队中的成员彼此有共同目标，他们能够相互协调、相互学习，通过互动交换彼此的专业经验与知识，进而启发彼此的思考，超越个人的思考范围，从而对整体团队作通盘的考虑。由此，一方面，个人在过程中获得成长，且其速度比其他学习方式更快；另一方面，创造出优于个人的团队绩效。

团队学习是工具也是媒介，其效益在于促进组织成员的个人学习，进而形成组织学习。团队学习有三个面向需要顾及，团队学习是建立在"共同愿景"和"自我超越"的基础上的。因为有效能的团队是由有效能的个人所组成的，但是只有共同愿景和才能还不够，真正重要的是要知道如何共同学习，因为团队运作的好坏会影响到团队学习的成效。当需要深思复杂的课题时，团队必须学习如何萃取出高于个人智力的团队智力，但组织中常有一些强大的抵消力量和消磨力量，它将造成团队的智慧倾向于小于个人的才智。这样的磨损力量通常来自团队中每个成员所发展出来的能量，因为团队中的成员常常砥砺自我，期望不断激发个人的能量，却忽略了这些能量必须能做到集体搭配。一旦个人的能量不断增强，而团队搭配不佳时，将会造成能量的混乱，使整个团队的管理更加困难。

在团队系统中的个人系统里，每个人皆有属于个人的才智。一旦推进到成员系统中，成员在团队中经过互动的讨论后，是否能够汇聚众人的智慧，是否团队智慧高于个人智慧，便取决于是否能够化解成员间不同的声音，化解会阻碍团队成员学习的力量。而团队运作的默契，事实上不涉及成员系统，且会一直往上推展到团体整体的系统，因为成员在团体中的行为反映团体在发展过程中的特定动力。而团体运作的默契，则必须是成员在团体整体的系统中，以及考虑属于该团体的运作方式下，培养其他成员在团体历程中达到一致性的行动标准。

团队学习的目标也是每位团队成员的沟通目标。通过事先预设好的学习机制，以及团队学习的过程，团队成员之间相互扶持、经验分享。就个人而言，就是要达成提升个人生涯发展的目的；就团队而言，就是要朝着团队学习目标前进。为确保团队学习运作的成功，引导者需要有明确的组织目标与信念，以作为团队学习将要达成目标方向的重要引导。团队的领导者需要事前详细规划、决定最理想的运作形式、了解组织成员背景并作出最佳组合的选择，同时也不可忽视组织成员个别的文化背景因素等。

影响团队学习的文化因素。一是团队深度会谈的气氛。建立深度会谈以破除成见与偏见，积极促进成员展开深度会谈，不吝公开经验，并找出问题的成因。共同解决问题的气氛，有助于团队学习。二是坦诚沟通。组织中不良的沟通是学习与品质提升的主要障碍，加强沟通与合作，将使成员客观而开放地思考，让每个人都能够从开放的沟通中获益。而且，面对面的互动沟通，是团队学习的重要特质。三是信息分享环境。学习的发生在于知识的传达、分享、转化，当个人所产生的知识能力成员所共享时，这种知识就可成为组织的共享知识，因此消除信息不足、学习资源分配不当等学习障碍可促进团队学习。四是系统思考能力。系统思考能有效帮助成员管理个人及他人，同时促进团队合作，让所有团队成员以一个整体的系统方式运作。管理者必须抛开权威式领导方式，以信息、服务、情感交流与组织间互动联结，同时建构组织与外部的网络来促进团队学习。五是自我批判和自我省思的团队学习文化。通过自我揭露、兼顾探寻与辩论的团队学习，检视自己信奉的理论与实用性理论之间的差距，以进行反思与学习。

第二节　国际绩效管理

全球化趋势给企业管理带来的机遇与挑战，使国际化情境下的绩效管理将变得更加复杂。国际化是指企业的收入来源或运营范畴跨越了单一国家的企业战略。国际绩效管理旨在明确在国际环境中，如何掌握关键绩效的核心方法，采用策略性人力资源管理思考方式，以达成组织总体绩效目标。在国际绩效管理中，企业需要考虑国际工作的绩效指标不同于国内环境下的绩效指标。国际企业内部文化和语言差异可能会引起误解并妨碍绩效管理过程，国际企业面临的主要挑战是理解和处理国家文化在人力资源管理及绩效管理实践中的作用，将国家文化纳入绩效管理实践行动中。

一、企业国际化策略

国际化是指企业的收入来源或运营范畴跨越了单一国家的企业战略。

企业国际化的动机包括寻求全球优势资源、跟随顾客转移、寻求海外市场、跟随或领先竞争者、获取规模经济以降低成本、投资诱因、发挥厂商特有优势、规避贸易壁垒、规避风险和强化企业能力等。企业国际化的不同动机，会影响到国际化战略选择，也会影响国际绩效管理实践。通常，企业可以通过出口外销、授权或直接投资三种方式进入海外市场。出口外销是企业在母国生产完备的产品，再将产品自行外销或通过代理商销售到海外。授权是企业将某种资产交给东道国（地主国）当地的特定企业使用并收取权利金。直接投资是企业直接到东道国当地进行投资（包括投入资金、人力或设备），设立运营据点。企业国际化的不同方式，同样会影响国际绩效管理实践。

根据折中理论，企业选择哪一种进入模式，应该视企业在进行国际化时有哪些可供利用的优势而定。主要有三种优势，包括所有权优势、内部化优势和区位优势。所有权优势主要来自拥有某种资源而带来的优势和拥有多国运营能力带来的优势。内部化优势是指企业同时控制上下游价值活动，以确保上游投入原料品质、控制下游渠道服务内容、降低交易成本或技巧性设定价格而获得的优势。区位优势包括自然或后天创造的资源禀赋、要素价格、品质和生产力、国际运输与通信成本、投资诱因或投资障碍、人为贸易壁垒、国家基础设施、文化差异以及友善的政府政策。

企业在国际化时，会面临缩减成本与回应地方的"双重压力"。缩减成本的压力是多国籍企业必须面对来自全球各地的竞争者在价格上的竞争，因而必须不断整合企业内部的价值活动，设法降低成本的竞争压力；回应地方的压力则是指多国籍企业面对各地不同的总体环境，而必须根据不同国家或地区调整价值活动及策略。根据整合—回应矩阵，可以构建公司层国际化策略选择模型，其中，国际策略又称母国复制策略，此策略强调在海外市场上不断复制、运用母国发展出来的能力；全球策略是指企业将总部设在某一个国家，至于各项价值活动则根据国家区位条件以及这项价值活动的特性，决定在哪一国执行，同一项价值活动会尽量集中在少数国家，但不同的价值活动可能会选择不同的国家执行，以便管理；多国策略是指企业针对各国独特的环境，调整产品特性或价值活动布局，以便能对各国的独特环境作出最佳的回应；跨国策略是将全球视为一个大市场，决定企业在各个国家的投资布局，将价值活动放在最适合的地点完成，以同时达到降低成本、回应各国差异和整合资源加速学习三项目标。

拥有多个策略事业单位（strategic business unit，SBU）的企业在进行国际化时，需要考虑各策略事业单位能在全球市场上的各国特定产业中发挥竞争优势，一般包括全球产业策略、全球区隔策略、多国产业策略、多国区隔策略及国家焦点策略五种类型。全球产业策略是指将特定事业单位旗下所有产品，推到该产业的全球各地的市场，且将该产业在各国的市场视为完全相似的，不论在任何国家的市场，都运用相同的优势和同业竞争。全球区隔策略是指当许多国家都存在某个独特的消费群，而且这个消费群在不同国家呈现出相似的偏好时，策略事业单位针对该产业的特定区隔，推出全球一致的产品。多国产业策略是指策略事业单位将该产业在各国的市场视为一个独特的市场，在各个国家推出适合当地环境的产品和服务。多国区隔策略是指策略事业单位将各国市场视为完全独立和分离的市场。国家焦点策略是指当某个产业在许多国家受到法律的严格管制时，策略事业单位只有与当地政府进行密切协商，才能创造良好的绩效。

二、国际绩效管理的情景与特征

在不同文化背景下实施绩效管理制度之前，实践者应密切注意文化差异和敏感性问题，因为这些因素可能会影响绩效管理系统的有效性。理解文化敏感性意味着要花费时间，要与熟悉当地文化的本地人相处，但这是国际绩效管理实施的前提。在国际化的初期，企业通过外派人员来行使人力资源管理职能的做法可能很重要，因为这样做易于沟通和灌输组织文化，并使绩效管理制度得以顺利实施。毕竟本地人可能由于对组织不熟悉，无法创造出组织所需要的组织文化。但经过一段时间后，最好是雇用一些当地人行使人力资源职能，因为当地人能更好地理解本地文化，从而有助于组织处理文化差异。

随着外派人员在国际化或全球化组织中的角色越来越重要，跨国企业需要有一套有效的绩效管理制度来管理外派人员的业绩及个人操守或道德。外派人员绩效评估时的组织环境是由工作性质、组织结构、标准绩效管理系统、高层管理者支持、子公司规模，以及管理者与子公司员工类型和技能所组成。这些因子的中介效果，随着与其他因子间的交互作用的强度而不同。员工在不同的组织结构中，被管理的方式也应不同。例如，外派人员在直线职位被其母经理人评价绩效，而产品经理属于矩阵结构，是由东道国和母国主管评价绩效。矩阵结构须面对不同期望所带来的冲突，职能主管与团队主管在评价外派人员的绩效时，除员工绩效外，尚需战略视野，需要确认全球性及地区性目标的共同性。

绩效期望的种类是连接企业策略目标和绩效评价的重要元素，个人目标设定并非所有工作种类中都存在，但绩效期望可以通过非正式的方式传递，同时，日常管理是组织环境的重要元素。绩效管理会随着工作分析和外派人员情况，以及通过绩效管理系统收集资料的程度而不同。然而，国家可能并不是一个情景因素，国家文化不直接影响外派人员的绩效管理，强有力的企业文化会淡化国家文化的影响。因此，管理者可能很容易把某一误解、障碍或挫折归咎于国家文化，但实际上产生这些问题的原因可能跟国家文化一点关系都没有。

三、国际绩效管理的策略发展

国际绩效管理被加入了许多新元素。例如，国际绩效管理目标包括策略方向和绩效发展，这与一般企业关注"业绩"有很大的差别。业绩固然重要，但不能因此而忽视策略和目标，国际绩效管理尤其关注策略方向，实施基于国际化的战略性绩效管理。人力资源专家普遍建议，应当在整个公司范围内使用统一的绩效管理制度，因为制度、组织文化与目标相关联，而这些在整个组织内都应当保持一致。更为重要的是，由于员工经常从一个工作地点换到另一个工作地点，因此绩效管理期望和流程有必要保持一致。此外，绩效管理系统的一致性也强化了公平对待不同文化背景的员工这一观念，尽管公平本身可能因文化的不同而存在差异。但人力资源专家也指出，绩效管理系统应当在一致性与灵活性之间作出权衡，容许保持一定的地方灵活性，尽管这是一个两难的决策。

同时，在跨国绩效管理中，也较注重全面反映各个层面的绩效，如员工在财务表现、顾客关系、员工关系和合作伙伴之间的一些行为，也包括员工的领导能力、策略规划、顾客关注程度、信息和分析能力、人力资源发展、内外部流程管理法等方面的表现。此外，国际人力资源管理愈来愈全球化，员工工作越来越趋向知识管理，许多员工不仅在工作中追求高薪酬，更追求一种自我价值的实现，如公平感、自我实现和工作价值等，因而对管理者的能力要求也会越来越高。如何甄选与提拔优秀的管理者，如何定义管理者的职能，同时如何培训管理者和组织发展接班人，都显得越来越重要。这就需要一种全球前瞻性思考与战略性人力资源发展，以培养全球性的跨文化管理者，从而有效地实施国际绩效管理。国内与海外文化的工作属性不同，不宜采用国内的评价内容作为海外评价标准，跨国企业应发展一套符合地域性、产品或服务绩效层次、市场开发成熟度、全球各地布局的接班人计划，循序渐进地拓展战略性人力资源管理，积极稳妥地拓展战略性国际绩效管理。

四、跨国企业绩效管理的目标与程序

国际绩效管理的目标涉及考评目标和发展目标两个方面。考评目标包括以下内容：定期给予海外经理人反馈，让他们知道达到国际绩效管理目标的机会和资源在哪里；设计多元薪酬、晋升和工作派任决策工具，发展出有效的绩效管理系统，并提供这些决策的沟通方法与工具；协助高层管理者保持弹性的决策，针对达不到预期表现的员工给予警示。而国际绩效管理的发展目标包括如下内容：协助海外经理人改进他们的绩效和未来的潜能发展；组织通过生涯机会和规划的沟通，协助海外经理人发展多元文化的能力，并建立组织承诺和员工承诺，塑造具有凝聚力的组织文化；通过海外经理人的努力和认知，启发其未来努力与职业发展方向，诊断个人和组织间问题及解决模式，定位个人训练与发展的需求，进而构建组织发展与个人人生规划的脉络。

跨国企业的绩效管理以母公司国际化策略目标为基准，子公司依据母公司所制定的策略目标，构建其目标管理。必须考虑当地文化、资源和环境条件，设定外派人员、当地员工和其他地方人员相关绩效目标。尤其是在子公司组织内职位分析过程中，要考虑组织设计的内涵、相关跨国运营流程关键点，以及与参与人员职能框架和差异化等因素。国际绩效管理的整个程序是一个复合的考评执行系统，其目的是使母公司资源管理流程能有效推动子公司目标达成，并适当授予权责于子公司管理者，发挥因地制宜、因时制宜的跨国战略性绩效管理的价值。

五、国际员工的绩效考评

目标通常被转换成衡量指标，企业必须将明确、非明确以及环境目标作为绩效指标的基础。明确目标是指客观的、可量化的，以及可直接衡量的指标；非明确目标是以关系或特性为基础的指标；环境目标则是考虑绩效表现的周边环境因素的指标。对于多国籍企业而言，使用转移价格与财务工具是必要的，多国籍企业无法给予子公司太多的自主权，因此，任何一家子公司的财务结果，无法确切地反映其对于总公司的实际贡献，也许这种结果不能作为绩效评估的主要依据。在国际绩效管理中，使用多重指标仍然是一个权宜之计，并且考虑国际工作的绩效指标不同于国内环境下的绩效指标。

国际员工考评者。一般来说，员工是由直接主管衡量绩效，但对于处于不同国家的子公司经理人，由于他们地理上的距离，总公司的主管无法具体了解外派人员每一天所执行工作的情况，因此，总是希望以明确的指标来衡量他们的绩效。然而，母国籍或第三国籍子公司经理人往往会拟订或执行能产生短期绩效的策略，而这种策略很可能会损害长期目标策略。假如外派工作在这个策略的不良影响产生之前就结束外派，子公司的绩效可能不会受到影响。

其他外派人员的绩效考评。评估者可能是子公司的CEO、直属的东道国主管或其母国的经理人。东道国经理人对外派人员的绩效有清楚的了解，并能考虑到当地的背景因素的影响，但可能会产生文化上的偏差（如角色行为）和缺乏较广泛的组织背景考虑。例如，有些外派人员喜欢母公司评估人员，因为他们希望这些评估资料能在未来职业发展上被总公司使用。但在东道国主管看来，这些评估资料可能相对母国国内主管而言并不重要。

人力资源专家认为，在组织绩效管理的规划、开发和实施中，吸收不同地区办公室共同参与绩效管理是很重要的，因为领导人的国际代表性有助于确保以全球视野来整合和发展绩效管理制度。由于外派工作有跨文化的复杂性，外派工作的评估通常使用360度反馈技术和一组评估团队。而且，随着网络信息技术的发展，全球虚拟团队应运而生，也使得国内外公司之间普遍采取虚拟派任或虚拟沟通的形式。就虚拟派任而言，使用多重评估可能是决定绩效最准确的方法，但是，知识的取得和评估者的训练限制了绩效评估的方式。因此，国际绩效管理体系培训相对单一的国内绩效管理显得更为重要。例如，如何确保外国人能了解文化的细微差别，如何确保本地人懂得恰当地传递信息等。

国际绩效评估表格式。本国公司通常为每一个工作设计统一的标准化评估表格，特别是对于那些使用传统绩效评估而非绩效管理的工作，标准化的格式有助于汇集准确的绩效资料并开展跨部门的比较。尽管这种绩效评估系统在稳定的环境中是没问题的，但外派环境和全球环境是多变甚至是变化剧烈的，原先以国内环境设定的绩效标准化，可能变得毫无意义。因此，评估表格的一致性与灵活性之间的权衡，仍然是一个两难的决策。尽管如此，在实践中，多国籍企业仍然使用标准化的格式来评估外派人员的绩效。

国际绩效评估频率。在实践中，国际绩效评估是以年为基础，而国际企业也是如此。美国公司使用"年度评量系统"的公司，越来越倾向使用标准化格式与明确指标，因为复制国内的标准化系统在收集与解释资料时较为容易，但也许反映出这些公司仍然缺乏足够的国际经验。事实上，信息技术在国际绩效评估的应用，能使其评估频率的提高成为可行。

国际绩效反馈。绩效管理的核心是绩效沟通，而沟通是微妙的。如何提供恰当的反馈以及组织内合适的互动形式是很重要的，而价值观可能因文化的差异而有所不同。尽管如此，一个强有力的组织文化在大多数情况下可能比国家文化更重要。绩效管理的实践中，年度绩效评估的问题是员工无法持续接收到有关改进绩效的反馈，外派人员被母公司经理人评鉴时的困难是，及时的反馈只能在明确指标上做到。就虚拟外派而言，当地理区域分散要靠电子沟通时，绩效评估会变得更加困难，人际关系与有效的沟通媒介是两个影响虚拟工作群体的因素。在全球虚拟团队中，来自不同国家的主管在沟通时很可能产生跨文化冲突，这也使得组织学习方法成为分析和优化跨文化背景下不良沟通的重要工具。

第三节　绩效管理电子化

随着人力资源管理其他职能模块的电子化，绩效管理的电子化已成为一种必然趋势。早期的绩效管理理论认为，只要设计出完善的考评表，管理者就能运用自如。新近的研究认为，除了修订考核表外，管理者必须通过相关电子化界面，让管理者即时获得组织及所属员工绩效数据，才能立即修正策略以反映市场需求，或及时改善员工绩效，进而提升组织绩效。人力资源电子化管理，有助于降低人力资源行政的作业时间和工作效能。

一、实施电子化绩效管理的前提条件

只有满足了实施电子化绩效管理的一系列前提条件，绩效管理电子化才可能真正为企业带来好处。毕竟电子化和信息网络只是一种工具，绩效管理体系最终取得成功还是取决于贯穿本书的各种最佳绩效管理实践方面的建议。如果绩效管理体系不是遵照最佳绩效管理实践展开的，仅仅推行电子化对于绩效管理体系的运行效果改善并没有什么作用，甚至会造成时间和资源的浪费。但网络信息技术的迅猛发展确实给绩效管理带来了机遇与挑战，绩效管理电子化必将成为一种必然的趋势。因此，现在的问题不是要不要实施绩效管理电子化的问题，而是如何更有效地实施绩效管理电子化的问题（陈鼎祥和刘帮成，2022）。

一是内容为体，技术为用。网络只是一种工具，绩效管理电子化带给组织好处的最重要前提是，绩效管理体系是否涵盖了正确的绩效管理内容和最佳的绩效管理实践。毕竟绩效管理仍然主要是一个社会化的过程，甚至影响电子化绩效管理的人的因素比技术因素更多。换言之，技术作用只

是支持绩效管理的各个环节，而不能取代绩效管理内容和实践，因此，绩效管理电子化应特别注重开发解决方案的内容和最大限度地提高内容有效性。例如，员工的在线阅读、完成手续的填写、使用电子签名签署表格，只是行政文件或文字工作的翻版，并不足以说明组织已经拥有了综合的绩效管理系统。如果技术不能正常运作、运用不当或是过分依赖技术，技术将在带来利益的同时也可能带来更多的问题。

虽然技术极大地支持了绩效管理的信息沟通，但利用技术来沟通与感情主题有关的类似于工作绩效方面的信息，也可能会造成混乱和挫折。例如，通过一些交流工具如电子邮件和即时信息，可以在更广泛的范围内分享信息，但也增加了信息过载和接受者误解的可能性。因此，在电子化提供绩效反馈和知识之前，发件人在反馈前必须深思熟虑，人力资源在应当监督绩效反馈时，必须根据内部的资源情况评估不当发布的可能性，并核准它是否适合发布。

技术虽然可以满足大量绩效数据的不断收集和即时存取需要，但也可能加剧信息超载，从而可能使员工完成工作职责时经受压力或加班。此外，频繁地通过自动化的系统收集和共享与绩效有关的信息的工作行为，可能有削弱信息的重要性和价值的风险，因此，绩效管理系统的组织者应使用更新的方式来保持系统与使用者之间的互动，并确保每一个数据请求是必要的，例如，绩效反馈请求的原因、是否允许匿名和如何使用数据等。应在绩效管理系统中建立一个图形显示系统，以显示系统中各部分如何组成，并且在更加宽广的系统结构中显示用户所处的位置；使用分支逻辑而不是在线性时间基础上组织与绩效各部分有关的数据；提供基于关键字的搜索功能，并整合一个个人的"剪辑"区域，用于存放那些特别有用和频繁使用的绩效信息。此外，应为管理人员提供工具来组织、总结和分析绩效数据，从而在信息的智能化转换上为他们提供援助。

二是与外部技术提供商共同开发系统。组织自主开发绩效管理系统能更好地满足组织系统的个性化和针对性，但由于许多组织可能没有这种类型的内部人才，因此需要技术提供商在某些方面承担部分工作。而且，随着系统要求的提高，外部提供商开发的、拿来即用的系统可能会越来越少。因此，折中的选择是购买一个标准的技术解决方案，并获得配置工具,以进一步定制解决方案来满足该组织的具体需要。组织应首先根据系统的要求,开发出一个内部产品需求文档(product requirement document,PRD),指明解决方案的功能,并与技术供应商接洽以查看他们的能力。然后,检查在市场上是否可以得到,从而作出深思熟虑的决策,来确定当前提供的产品是否能满足该组织的需要,是否必须开发自定义的解决方案。从而持续地确保系统需求和过程的开发符合不同的业务单位和用户的独特需求,同时还应保持整个企业某种程度的一致性。

三是强化绩效管理系统与其他系统之间的整合。绩效管理系统好处的实现有赖于该解决方案是否能与其他人力资源应用有充分整合,有赖于组织是否具有一种连续的整合能力,从而一体化地实现电子化绩效管理系统的长期目标。组织要连续地进行整合,从系统供应商那里获得持续的支持是很重要的,包括初步设计、实施、培训和集成,以及定期的系统维护和升级。但系统供应商未必擅长所有应用程序或充分了解企业实际情况,从而难以为客户提供一揽子的整合解决方案,因此,企业应尽早在规划和实施阶段作出努力,以确保建成能够支持未来的整合基础设施。

如果系统是庞大或迟缓的,可能会需要使用者更多的时间,尤其是员工将信息输入系统中或试图通过门户网站存取数据时。而且,如果系统要扩大其所包含的人力资源管理模块并提高其一体化程度,那么可能会牺牲其应用程序中特定模块的部分功能。由于用户接口的不适用,可能导致使用系统的人遭受电脑使用的挫折感,由此造成生产力的下降和负面情绪。此外,一个自动化的系统实际上是时间密集型的。因此,技术系统必须比文件系统更易于收集绩效数据、再次访问绩效目标,以及提供更加可行的绩效反馈。

四是做好电子化绩效管理实施前的准备工作。组织应将电子化绩效管理系统的实施视为一项大规模的组织变革,因此,在绩效管理电子化系统实施之前,应争取企业各个利益相关方的支持和配合,以消除他们有意或无意的抵制情绪。包括对绩效管理电子化系统开展广泛审查、沟通计划、试点测试与培训等,以听取相关用户的改进建议和意见反馈,并使相关用户获得操作系统的能力。此外,电子化绩效管理系统要求所有员工与系统进行频繁的互动,这将需要系统用户拥有一定的知识和技能来使用这种技术。系统的有效实施有赖于对员工提供足够的技术培训,虽然这样的培训过程可能花费额外的时间。而做好这些准备工作的目的正是使员工充分理解其将如何直接受惠于系统,如何得到更多的便利以及更好的系统使用率,从而确保系统的益处在实施后仍然不被减弱并得到充分发挥。

二、绩效管理电子化系统的功能模块

绩效管理的许多活动都可以在网上开展,绩效管理电子化系统主要有四大功能模块,包括目标管理模块、行为考核模块、行政管理模块和高层主管 KPI 模块。一是目标管理模块,包括工作目标输入、线上个人自评、线上绩效反馈、目标修正功能、线上主管考核、员工线上个人发展计划或职业生涯发展计划表的建立等分模块。工作目标输入是员工根据组织目标与自身能力,设定具有挑战性且可达成的工作目标,并输入每项目标的权重。线上个人自评是员工每月、每季输入本身目标的达成情况。线上绩效反馈是主管可通过留言板或电子邮件的功能,与被考评者进行绩效讨论。目标修正功能是下属可以修正年初所设定的目标,并经主管审核通过。线上主管考核是主管根据员工绩效达成情况,给予员工在业绩目标维度的总分。员工线上个人发展计划或职业生涯发展计划表的建立是员工根据考评结果,建立个人发展计划或职业生涯发展计划。

行为考核模块包括行为锚定法的工作行为设定、线上个人工作行为自评、线上绩效反馈、线上主管考核等分模块。行为锚定法的工作行为设定是由部门主管或员工设定该职位应该具有的具体工作行为表现。线上个人工作行为自评是员工每月、每季输入自己的行为表现。线上绩效反馈是主管可通过留言板或电子邮件的功能,与被考评者进行行为表现讨论。线上主管考核是主管根据员工工作行为表现情况,在行为锚定法的考核表上,给予员工在绩效行为维度的总分。

行政管理模块包括考评名单产生、考评分数设定、分数计算、线上主管强制分配设定、考评调薪设定、人力资源管理部门绩效报表呈现等分模块。考评名单产生是指设定考评年度与不参与考核的条件后,系统批次产生本年度的考评名单。考评分数设定是指设定分数区间,例如,特优为 85~

100 分，优为 70~84 分。同时，设定各部门的平均分数，其中，部门内员工的总平均分数不得超过所设定的各部门平均分数。分数计算首先是设定分数的计算方式，如目标管理 50%、行为考评 50%；然后批次计算全公司员工的总分。线上主管强制分配设定是指设定各部门主管的分数分配比率，例如，特优占 5%、优等占 20% 等。如果部门主管超过此幅度，系统自动提出警示。考评调薪设定是指基于设定考核分数区间与调薪比率的关系，由系统自行计算每位员工应有的调薪幅度与调薪金额。例如，若设定 85~100 分调薪 6%，则介于 85 分至 100 分者调薪 6%。人力资源管理部门绩效报表呈现是指根据全公司的绩效分数与调薪情况，产生相关的报表以提供给管理者或决策者参考。

高层主管关键绩效指标模块。对于高层管理者而言，绩效管理系统是组织管理的重要工具。第一，实现对关键绩效指标及其达成情况的有效监控。在系统中，各关键绩效指标可以用不同的灯号来显示绩效目标达成情况，例如，红灯代表低于目标，绿灯代表达到目标，黄灯则代表超过目标。第二，即时提供各式分析报表给管理层查询使用，并使高层主管可立即进行交叉分析与趋势分析。对于人力资源管理高层管理者而言，常用的分析报表包括人力分析、预算分析、员工技能分析、员工绩效分析和薪酬福利分析等。除静态的资料展示外，也可生成长条图、圆饼图或雷达图等，以方便资料的浏览与进一步分析。

三、绩效管理电子化系统的功能应用

绩效管理电子化系统的使用者分为一般员工、直线主管、总经理，以及人力资源部门决策主管和行政人员。他们通过浏览器和网络连接，进行人员的绩效考评与绩效分析。员工可以通过网页界面进行自己行为与目标绩效的输入，输入完成后，可即时地将绩效资料呈现给人力资源部门与相关主管参考。同时，员工也可随时进行线上查询和更新自己的目标达成信息，更新自己的个人发展计划和职业发展计划。直线主管可以通过网页界面进行战略性人力资源管理活动，以及所属人员的目标和职能管理，从而将组织战略与员工工作目标和行为进行一个垂直的连接，确保企业战略的执行以及企业预期目标的达成。总经理可以通过网络，随时监测企业的 KPI、人员目标和行为的达成情况。同时根据外部市场与企业战略的需要，快速地调整组织和人员，以增强企业竞争力。人力资源部门决策主管和行政人员可以通过该系统随时调用员工考评资料，进行后续的培训开发与薪资调整等规划活动，并即时获取人员运用的相关建议，如晋升、训练、激励与薪酬等，进而帮助企业有效地激励、留住和开发人才。

第四节　本章小结

团队绩效管理体系需要同时关注个人绩效、对团队绩效作出贡献的个人绩效、团队绩效三个层次的绩效，其过程包括团队考评前的准备工作、确定团队绩效考评指标、界定团队成员个人绩效考评指标、分配考评标准的权重、确定考评的因素、分析绩效考评指标、团队绩效数据的收集等阶段。

为确保团队学习运作的成功，引导者以明确的组织目标与信念作为引导，营造团队深度会谈的气氛，鼓励坦诚沟通，营造信息分享环境，提高系统思考能力，从而建立自我批判和自我省思的团队学习文化。跨文化背景下的绩效管理制度应密切注意文化差异和敏感性问题，要有一套有效的绩效管理制度来管理外派人员的业绩及个人操守道德，尤其需要包括策略方向和绩效发展。绩效管理的电子化最终成功取决于线下的最佳绩效管理实践，绩效管理电子化系统主要包括目标管理、行为考核、行政管理和高层主管关键绩效指标等功能模块。

第八章 战略性绩效管理整合策略

CHAPTER 08

尽管绩效管理通常被认为是人力资源管理的一个重要模块,但绩效管理实际上还包含管理理念、管理流程和组织系统等在内的更为广泛的范畴。组织系统提供了支持绩效管理的框架和基础,为绩效管理流程的顺利进行提供了条件。在为绩效管理活动提供指导和依据的实践中,单一的管理制度难以独立解决组织管理的难题,依靠多项管理制度或措施的协同作用,才能消除企业管理中的系统性问题。组织均衡理论认为,组织有能力平衡发展不同的组织活动(李杰义和闫静波,2019)。绩效管理依赖于沟通、教育、信息系统、国际商务、市场营销、组织行为、公共管理、社会心理、社会学和商业战略等诸多领域的研究。一个完善的绩效管理流程需要在有效的组织系统支持下进行,组织系统的改进也通过绩效管理流程的实施来达到优化和改进绩效的战略目标。

第一节 战略管理与战略性绩效管理

战略管理是指组织在长期内如何制定并实施战略以实现其使命和目标的过程。财务绩效管理则是指通过监控、评估和改进财务绩效,确保企业达到其财务目标的过程,战略管理和财务绩效管理相互支持、相互影响。实施绩效管理不是为了批评和责备下属,而是为了帮助下属个人、部门及企业提高绩效,是直接主管与直接下属之间的真诚合作,有助于直接主管与直接下属之间更及时地共同发现问题、分析问题和提出解决问题的策略,从而有效地解决工作中遇到的问题。战略性绩效管理的关键作用在于,通过加强不同部门间的合作,提供更为正确、可靠和相关的信息,综合运用各种管理工具,以支持组织决策和引导员工行动。

一、战略管理与财务绩效管理

战略可分为差异化、低成本和聚焦三种类型。差异化战略实际上就是创新战略,如果企业能找到一个"人无我有"或"人有我优"的领域,那就可以获得更高的净利润率。低成本就是低价战略,如果企业把产品价格定得低,那么顾客可能就会从竞争者那里转向本企业。低成本战略要低价,就要降低成本,就要提高效率,或重点思考总资产周转率这一指标。聚焦战略是选择一个细分市场,然后对这个细分市场进行深入的分析。企业要吸引更多的人成为本企业的顾客,不仅使老顾客不要离开这一细分市场,也应使别的竞争者无法进入这一细分市场。一方面,让竞争者无法进入你的细分市场。要想办法改善本企业的经营,设置使竞争者无法模仿的壁垒,然后使竞争者无法进入本企业的细分市场。另一方面,让顾客喜欢本企业的产品。本企业要提高服务质量,进行顾客关系管理并对顾客需求的变化进行监测,重点考虑不要使顾客流失。如果做好这两件事,企业的聚焦战略就成功了。聚焦战略可视为差异化和低成本的组合,就是既要提高净利润率又要提高总资产周转率,即要兼顾效益和效率。不同的战略选择会影响战略执行。

战略选择当然很重要,但战略执行或许更重要。从这个意义来看,战略选择没有好坏,关键是更好的战略执行。绩效管理和财务管理都是在企业总体战略之下来实施的。如果企业已经选择了一个激烈竞争的行业,也就是低成本战略,那么就应在提高效率和降低成本上下功夫。面对现实,企业不能再犹豫。企业既然选择了低成本战略,就要面对现实,踏踏实实地、更好地提高效率。如果企业低成本做得好,同样也可以做得很成功。不是说选择一个好的行业,就一定会很成功。企业不能再犹豫说,本企业选择了这样的一个行业,当初如果选择另一个行业多好,企业在战略执行的时候不需要也没有必要再对战略选择抱有疑虑。战略选择当然很重要,但战略执行更重要,也就是说效益重要,效率也重要或更重要。战略选择影响效益,战略执行影响效率,企业在享受效益时,也要想到自己的效率怎么样、内部运营怎么样、战略执行得怎么样、内部管理是不是有重大的缺陷。企业选择一个效益较好的行业固然很好,或者说是选对了,但是企业也应想到自身效率怎么样,是不是要考虑随着竞争者不断加入这个行业,随着这个行业的突变,自己的内部运营能力、战略执行能力能否支撑这种变化?企业要敏锐地觉察这些变化,这时,企业就要有一些参照点,财务数据即是一个重要的参照。

企业不是简单选择一个好的行业就可以赚钱,也不是说选择一个好的战略就可以赚钱。怎么去赚钱?要将选择的战略有效地执行。面对选择的战略,企业如何有效地执行这一战略?就是要提高企业的能力。打个简单的比方,你要到一个山顶,有两条路可以选择,一条路是直接爬山,另一条路是要过一条河,这两条路都可以到达山顶。如果你是一个擅长游泳的人,那你就走有河的这条路,这个选择就对了,你能够成功地到达山顶。如果你不会游泳,你却非要走有河的那条路,可能你就很难高效地走到山顶。但如果你会攀岩,那就选第一条路,直接爬山,可能会更好一些。无论怎么样都可能成功,但是这种成功是有个前提,就看你是会攀岩还是会游泳。也就是取决于企业有没有独特的战略执行能力,能否有效地执行战略,这就是一个基本的商业逻辑。这个商业逻辑是路径选择、战略选择或战略执行没有好坏,只有适不适合本企业能力的战略选择和战略执行。

理论上,战略选择、战略执行和企业能力是个三脚架,三者相互支撑。企业实际上是一个整体,是一个自上而下的整体,无论在哪一个层级,无论属于哪一个部门,都应在企业的一个整体运作中来实现自身的目标,各自的目标能否支撑企业的整体目标,目标怎么来的?生产部门可能会想到按时交货、提高产品的质量和降低成本,销售部门可能要抢占市场份额、减少应收账款或者加快资金流转速度。这时,销售部门必须同时与财务部门和生产部门对接好,怎么能将销售回款更快地拿到手,三个部门需要协同工作。无论是降低成本,提高质量,还是抢占市场,这些事情都对。但一家企业在一个时间段,也许不可能把所有的方面都做到最好。战略的意思是不能做到最好的时候,要有所取舍,要关注某些问题。例如,在一个时间段企业关注一些问题，在另外一个时间段退而求其次，关注另外一些问题。管理学是实用主义，不是理想主义。不管是生产、营销，还是财务等部门，本质上，每个部门都是为这个公司赚钱，每个部门、每个员工在为公司赚钱这个事情上发挥了怎样的作用？从这个角度来看，我们才能知道我们工作的真正目标是什么。企业不是追求一个局部的最优，而是追求整体的最优。如何在赚钱上达到整体最优，企业需要统筹思考战略选择、战略执行和企业能力，使这三个方面达到整体最优。

企业要整体地思考问题，财务数据为企业决策提供数据支持。企业除了看资产负债表、利润表之外，还要看现金流量表，各个部门可以从财务报表中找到一个切入点，监测企业绩效到底怎么样，更重要的是分析其中的原因。转型很难，因为企业可能在某一个行业很成功，但并不意味着做另一个行业也会成功。这与企业能力有关，但企业能力不是个体能力，而是整体的运作能力。总之，资产负债表呈现的是企业的经营效率，利润表呈现的是企业的经营效益，现金流量表呈现的是企业的经营风险，经营效益、经营效率与经营风险也是一个三脚架，三者相互支撑，结合三者来考虑企业关注的重点应是如何稳健地经营和企业能力能否支撑战略。

二、战略管理与员工绩效管理

人力资源管理及其具体模块相互联系，都应面向并支撑企业的战略。由此人力资源管理及其具体模块都被赋予了战略性，被称为战略性人力资源管理。战略人力资源管理不仅强调人力资源管理与企业战略的外部匹配，而且强调一系列人力资源管理的内部匹配（李杰义等，2018）。在平衡计分卡的企业管理模型中，学习与成长就是战略性人力资源管理（Chang et al.，2013），该模型阐释了战略性人力资源管理在整个企业管理中的功能定位及其与财务、客户和运营维度之间的内在逻辑。德鲁克（2008）指出，企业的第一资源就是人，管理就是要做人的工作和对人的管理。尽管每个人对于企业而言都很重要，但实际上企业对人是分层的，有些是最重要的，有些是一般的，有些是不重要的。实践中，企业更看重核心人才，因为他们对于企业而言是最重要的或者具有战略意义的（Schuler & Jackson，1987）。

实际上，人力资源管理各个模块的内涵都在不断变化。例如，而今的岗位分析不再停留在岗位说明书撰写的阶段，岗位分析的升级版是做流程和胜任力模型。流程主要解决协调问题，流程图是以泳道图的方式呈现。例如，应收账款管理会涉及财务部与销售部之间的协调问题，销售主管、财务经理与客户之间的协调就可以通过流程来解决。岗位分析的另一部分的内容是做胜任力模型，是岗位能力进行的一个细化。例如，针对"以客为尊"这一胜任力要素，企业就有必要对它进行清晰的定义和分级。

有效的绩效管理是确保组织战略与员工行动持续一致的过程，也是提高直接下属的工作业绩、工作能力和开发人才的有效手段。战略性绩效管理是培训开发需求分析的重要依据，二者共同指向企业战略。通过战略性绩效管理过程，能够显现出部门和员工绩效的好坏及其与战略目标之间的差距，能够发现员工工作中的能力和绩效水平高低，为培训开发提供决策依据（Becker & Huselid，2016）。人力资源管理部门和业务部门能够根据员工的不同情况，按照员工不同能力的表现，给予员工不同的个性化发展空间和绩效辅导。结合绩效分析结果与被评估者个人发展愿望，人力资源管理部门和业务部门共同设计和制订员工的整体培训开发计划，并与员工一起共同实施培训开发方案。

战略性薪酬管理是指将薪酬管理与企业战略目标相结合，通过制定合理的薪酬策略和激励机制，激发员工的积极性和工作动力，从而实现组织目标的管理过程。绩效管理与薪酬管理都是实现战略目标的管理工具，两者的交集主要体现在绩效薪酬领域，绩效薪酬旨在激发员工的积极性和工作动力。员工创新行为是一个高度个人化的复杂过程，薪酬感知是影响员工创新行为的重要因素之一（李杰义和来碧波，2018）。实践中，企业应尽量弱化绩效考核与薪酬管理之间的直接关联。如果企业忽视绩效管理的丰富内涵，将之等同于绩效考核，或是将绩效考核直接关联到薪酬结构，那会导致员工没有安全感，也就会影响员工创造力的充分发挥。有效的薪酬管理能将个人价值转换为企业价值，从而确保企业人力资源能保障当下和未来的企业整体战略的实现（李杰义和来碧波，2019）。

第八章　战略性绩效管理整合策略

战略性人力资源管理及其具体模块也被纳入企业激励机制的分析框架中（鲍宜周，2021），由此战略性人力资源管理致力于吸引、激励并留住人才，战略性人力资源管理的具体模块之间形成一个"政策包裹"，并发挥着各个最佳实践之间的组合效应（Teece et al.，1997）。怎样吸引、激励并留住人才？从薪酬管理角度看，就是要提高薪酬满意度。一个可能的策略是考虑在这个劳动力市场或者人才市场上，员工是否觉得公司给的待遇太低；另一个可能的策略是考虑企业是否具有公平氛围，在薪酬管理的操作层面，就是要使薪酬公平。薪酬的竞争性是指尽可能多的薪酬才具有竞争力，有助于吸引、激励并留住人才。或者大家工资都不是太高，但是大家觉得很公平，这也是营造一种公平的氛围。关键是怎么去做到公平。通常的做法是对每个岗位进行一个价值评估，价值评估的典型方法是要素计点法。要素就是指标，评估一个岗位价值的指标是什么，这个指标可以由企业战略演绎而得到，与绩效评价一样，岗位价值评估也是要做指标。只不过是在做绩效评价的时候，评价的不是一个岗位，而是评价岗位的人的绩效。岗位价值评估测量的是一个岗位上的这些事情大概值多少钱，岗位价值评估指标要科学。典型的岗位价值评估指标体系设计方法是海氏法，企业可以参照海氏法进行修改和完善，形成适合自己企业、科学而又可操作性的岗位评估指标体系。

领导在氛围营造中负有重要责任。如果上司和下属之间沟通不畅，那也会造成一些不好的氛围。很多企业重视引进人才，对老员工却视而不见或不理不睬，使真正有能力的老员工们会想，是不是自己也要动一下？动一下可能会得到领导的重视，这就会形成一种浮躁的氛围。因此，管理者应在引进人才与留住人才之间把握一个度。事实上，引进人才是有一定风险，而且引进的人才可能具有一定的"侵入性"。怎么善待老员工？怎么善待在企业里面作出突出贡献能力又不错的这些人才？怎么考虑他们的感受？这就是在营造一种氛围。事实上，企业激励机制还包括发展前景。一个人如果觉得一家企业前景暗淡，他就会"跳槽"。也许他今天过得很差，也不会离开，但如果他觉得未来可能会更差或不确定，这个员工就有可能"跳槽"。薪酬阶梯就是在制度上构建一种发展前景，营造一种有助于人才与企业共赢的氛围。

三、战略管理、目标和关键结果

绩效管理体系本质上是企业战略执行体系的重要组成部分。战略性绩效管理可以促进企业内部员工与员工、员工与主管、主管与主管之间的沟通，有效增进组织目标的一致性，使员工行为与企业目标相一致。战略性绩效管理能激发员工的工作动机，减少员工与员工、员工与主管、主管与主管之间的偏差，有效改进企业整体绩效。绩效管理体系的战略一致性是绩效管理体系与组织发展战略、组织目标和组织文化的一致性程度，也就是员工个人行动目标必须与部门目标、组织目标紧密结合在一起。绩效管理体系必须建立在清晰的共同愿景及战略目标的基础上，各部门各职位的绩效管理都要围绕企业目标、绩效标准设定、绩效管理制度推行和绩效改进等主题展开。

目标和关键结果（objectives and key results，OKR）是一套目标管理和沟通的实践方法，具体包括相关的OKR管理理念、实施的流程以及落地的工具和方法（张兰等，2022）。OKR起源于德鲁克的目标管理理论，由英特尔公司发明并由杜尔将其大众化，而今已被广泛应用于科技创业公司。OKR有聚焦、对齐、跟踪和挑战性四个独特的要点（田五星和王海凤，2017）。聚焦是将所有资源都放在既重要又紧急的事情上。对齐是通过共创共筹的方式制定和执行OKR，形成从公司到部门到个人上下一致、左右对齐的效果。跟踪是在OKR制定之后，通过密切跟踪和定期复盘流程来保证OKR的落地。挑战性是利用挑战性的目标来激发员工的主动性与积极性，并培育出创新的文化氛围。OKR体系分为制定、执行和复盘三大步骤。

OKR制定细分为众筹、共创、对齐和公示四个步骤。第一步是众筹。OKR的目标制定既可以从上到下，也可以从下到上来实施，这种方法叫团队目标众筹。在制定OKR之前，首先请公司的管理层就公司面对的商业环境与挑战机遇，以及他们对于公司的设想和业务的规划，与员工进行详细的沟通。然后，邀请员工根据他们的理解和思考，众筹出公司在下一个年度或者下一个OKR周期中，需要实现的一些公司目标。员工思考之后，在

OKR 会议上，把自己对于公司目标的想法直接分享出来，然后现场去解释讨论，作出最后的决定。第二步是共创。众筹工作之后，一般会成立一个 OKR 制定工作小组，在专业的引导师的组织下或者在有引导能力的公司员工的带领下，通过一个设计的流程，在管理层制定的公司目标和在众筹得到目标的基础之上，充分讨论，共同起草出 3~5 个公司目标，并且为每个目标起草 2~4 个关键结果，从而实现 OKR 的共同创造。第三步是对齐。有了 OKR 的方案之后，企业去识别目标和目标之间、关键结果之间相互依赖的关系，使得跨部门之间能够互相理解和互相协作，从而实现部门间的左右对齐。第四步是公示。在制定完 OKR 之后，需要通过软件或内部沟通平台把制定出来的 OKR 展示出来，并通过各个层面的会议让大家都充分了解企业要聚焦的目标和每个目标要达成的关键结果。

有目标就应有行动，有行动就得有跟进。OKR 执行中最重要的一个概念是跟进，OKR 执行基本是通过会议的形式来实施跟进行动。一是周一的关键结果（key results，KR）分享会。在每个周一的会议中，要明确本周的 OKR 和行动计划，列出本周 3~4 件的关键任务并明确优先级。在本周的任务当中，每个人都要分享自己完成的关键结果（KR），以及达成这个 KR 的信心指数。二是周五的 OKR 周庆祝会。OKR 也非常强调对成果的庆祝，每周五企业会开一个周庆祝会。在这个会议中，要去分享本周的工作进展，跟大家表明这个目标（objectives，O）完成的各种情况，也可以跟大家展开分享某一些关键成果（KR）。这个会议前半部分是庆祝本周所达成的成果（O），后半部分再去分享这一周需要去实现的关键结果（KR）。三是月度 OKR 复盘会。每个月的最后一个周五组织召开 OKR 的月度复盘会，内容包含这个月业务的进展，同时也要去对比一下季度 OKR 的执行情况。除了回顾进展之外，非常重要的是一个内容是跨部门的协作过程，讨论有哪些支持和合作可以给到其他部门，同时，管理者也应积极地倾听其他部门的意见和反馈，从而帮助团队更好地开展下一个月度 OKR。四是季度 OKR 分享会。在每个季度的最后一个周五召开季度会议，分享季度 OKR 的达成情况并制定下个季度的 OKR。五是季度 OKR 复盘会。在制定季度 OKR 的过程中，要复盘当前 OKR 执行的各种情况，总结有什么需要迭代和可以提高，从而帮助我们更好地去制定出下个季度的 OKR。

OKR复盘细分为回顾目标、找差距、找原因、总结经验和制订行动计划四个步骤。第一步是回顾目标（O），是将之前制定的OKR再次让大家回顾一下，再次熟悉一下。第二步是找差距，是根据评分结果找差距，对OKR进行一个完成度的评分，看一下与之前定的目标（O）有什么差距。第三步是找到差距背后的原因，从不同的角度去找原因。外部原因如竞争对手的巨大变化、商业环境的改变。更重要的是要从公司内部去找原因，如内部的流程、措施、计划是否合理；资源是否合适、优先级是否排得合理；也要去看看能力、意愿是不是造成了阻碍。这些都可以帮助企业去找到真正重要的人才。第四步是总结经验并制订行动计划，是将第三步找到的原因总结成自己的经验，并制订好行动计划，从而争取在下一个OKR执行周期中去迭代和改进。这种在执行周期中去迭代和改进，是OKR的评分和复盘的真正意义所在。

第二节 战略性绩效管理体系推进

在企业构建起战略性绩效管理体系之后，企业要做好正式实施绩效管理体系之前的一系列战略性绩效管理宣贯工作，包括战略性绩效管理体系沟通、评价者误差培训和绩效管理体系测试。只有将这些准备工作要做到位，才有可能使新的战略性绩效管理体系得以稳步而有效的实施，并取得较好的成效。

一、战略性绩效管理体系沟通

明晰绩效管理的功能定位。所有中层和高层管理者都要参加沟通计划，因为他们是实施绩效管理的主力军。除了绩效管理，还有人力资源管理领域的诸多模块，除了人力资源管理以外还有财务、营销、运营等诸多领域，而绩效管理只是影响管理成效诸多因素之一。因此，不要对绩效管理期望过高，认为绩效管理能够解决企业所有的问题，这个想法过于理想化。绩效管理主要能解决以下问题，例如，怎么确保企业战略与员工行为一致？怎么及时发现问题并及时解决问题？怎么在工作的过程中提升员工的能力？企业追求的不是规模大，而是稳健经营和可持续发展。虽然企业实施了绩效管理之后不一定会立刻提高企业的盈利，甚至也许对企业短期财务绩效提升没有太大的作用，但是绩效管理能提高企业管理的运营质量，有助于培养健康的企业。

明晰绩效管理的职能分工。在绩效管理过程中，要明晰人力资源部门与其他职能部门之间的分工协作关系。然而，在绩效管理过程中，人力资源部门与其他职能部门之间存在一些相互推诿的情况。通常，人力资源部门及其直线经理做的有关名词的动作，包括方案、表格和报告等，如人力资源部门需要设计绩效管理制度和绩效评价表格等，也需要对企业整体绩效数据的汇总与分析。而各职能部门及其直线经理做的是有关动词的动作，例如，各职能部门需要制定绩效评价指标、确定绩效指标目标值，开展绩效辅导、绩效沟通、绩效评价、绩效审议和绩效考核等工作。

有些企业的整个绩效管理全部由人力资源部门去做，这是一个误区。因为各个职能部门的工作不一样，各个部门经理才最熟悉各自做的事情。因此，各个职能部门的绩效指标应该由各个职能部门自己来制定，人力资源部门是制定不出适合其他部门的合理的指标的。人力资源部门对其他部门不熟悉，也无法作出有针对性的绩效辅导，各职能部门的直线经理应承担起绩效辅导、绩效沟通、绩效评价、绩效审议和绩效考核等工作。绩效辅导是部门经理与员工进行的一项类似于老师向学生上课的辅导方式，其中，直接上司就是老师，直接下属就是学生，二者是一种师生关系，称为师徒制，这是一种"干中学"的辅导方式。部门经理最熟悉员工的工作情况，因此应承担起绩效考核工作。只有企业内部各部门之间做到分工明确，他们才不会相互推诿。

克服绩效管理的沟通障碍。人与人之间、部门与部门之间都可能会存在一些沟通障碍，造成信息的歪曲或漏洞。随着沟通传递环节的增加，发送者最开始想表达的信息与接受者最后得到的信息之间可能相差很大，中间的很多信息可能被过滤掉了，这就是信息漏斗现象。当然，信息的歪曲或漏洞也会受到文化和其他方面因素的影响。个体在接受信息的时候可能会存在以下情况，首先，信息获取，发送者讲的信息进入接受者的耳朵；

其次，信息判断，大脑对传进来的信息进行判断；最后，大脑对信息的保留和记忆。每一个步骤都可能会有选择性地过滤一些信息，造成信息失真或信息错误。首先，接受者听别人讲的时候，信息进入接受者的耳朵过滤了一次，叫作选择性接触；其次，信息进入接受者的大脑里，又会被选择一次，叫作选择性认知；最后，大脑总是按照自己希望代表的意思来保留，叫作选择性保留或思维定势。

克服绩效管理的认知偏差。怎样才能尽量降低绩效管理体系沟通中的认知偏差呢？在设计绩效管理体系的时候，能够考虑到员工的需求，尽量先让员工参与进来，提出建议，而不是管理部门闭门造车设计出来的一个方案。例如，在绩效管理体系内的一些负面的态度、一些阻挠体系实施的流言蜚语没有出来之前，就以正式的渠道推出这样一个沟通计划。最好的处理方式是及时发布信息，不要掩盖事实，最后以书面的方式提供相关文件。口头的方式不太正规，要用一些书面且正规的方式来讲清楚，以正式正规的渠道发布这方面的信息。在一个多媒体的时代，不是单一地把绩效管理方案发到微信上，叫员工自己去看，这是很不负责任的做法，很不正规。也可以利用多种沟通渠道提供有关绩效管理体系事实和结果两方面的信息，多媒体时代有多种正式的信息发布方式，作为绩效管理的一项重要制度和改革，企业内部刊物或企业报等，都是不错的信息发布方式。此外，可以利用可信、强有力的沟通者进行沟通。例如，人力资源部门可以请外部专家来讲课。总之，企业可以通过不断地重复信息，使大家逐渐接受一些开始不想接受的信息。

二、绩效评价者误差培训

评价者在提供数据或绩效评价时，可能会存在提供歪曲数据的倾向，从而产生评价者误差。第一种误差是宽大误差。有些主管可能不太愿意跟员工打一个比较低的分数，因为如果给员工分数打得很低，那么员工可能会来申诉。为了避免这些麻烦，有些主管可能给员工打比较高的分数。因为他觉得给被评价者打高的分数对自己更好，被评价者就不会找他的麻烦，皆大欢喜。但这就会造成宽大误差。第二种误差是居中误差，表现为大家取得的分数都差不多，区分度不大。第三种误差是严苛误差，表现为一些评价者可能会给员工一个相对低的分数。评价者可能会故意提供一些错误的信息，抬高或压低分数，抬高分数叫作宽大误差，压低分数叫作严苛误差。

评价者在提供信息时会权衡一下，到底提供歪曲的信息对自己有利，还是提供正确的信息对自己有利？权衡的结果可能是提供准确客观的信息，或者提供歪曲的信息。如果评价者觉得提供准确的信息对自己有利，那他会选择提供准确的信息；反之，如果评价者觉得提供准确的信息对自己不利，那他会选择提供歪曲的信息，但这种歪曲的信息会导致管理者作出一些错误的决策。评价者误差有时是有意的，有时是无意的。有意误差是如果评价者觉得提供歪曲信息对自己更好，那么他很可能提供歪曲信息。无意误差可能是评价者对指标理解错误，他认为某些信息是正确的信息，事实上他可能搞错了，由此提供出来的信息可能就是错误的、歪曲的。

企业需要通过评价者误差培训来解决降低误差产生的可能性。一是动机培训，做评价者的思想工作，讲清楚提供歪曲的信息是错误的，对评价者自己和组织都不好，把这个道理和后果讲清楚。二是技能培训，就是讲授评价者一些评价的方法和技术，通过这种培训，使评价者了解到各种不同类型的误差及其成因，从而降低误差的程度或者概率。绩效评价指标包含数据收集方法和计算公式，培训时需要把绩效评价指标的意思解释清楚，最好采用案例分析和实战训练等方法来解释。行为观察技能培训是一门培养评价者的观察、存储、回忆并运用这些绩效信息能力的课程，一般要用模拟角色扮演、案例方法来解释，这可能是有效的。比如，如何从工作日志里面获取绩效信息，如何运用文本分析或扎根理论来提炼一些重要的、本质的信息。让评价者清楚，当绩效衡量的重点是计算和记录特定的积极行为产生的结果的时候，这种基于工作日志的评价才是有效的。

尽管评价者误差培训可以降低绩效评价中有意或无意的歪曲的绩效评价信息，但不要期望过高，不要期望评价者提供歪曲信息的概率是零，指望这些人提供一些非常客观信息。事实上，每个人都不可能做到十全十美的，因为评价很多时候是一种主观感觉和主观评价。同时，要赋予评价者的责任意义，再加上准确信息所获得的报酬来体现他们的报酬，那么这样就可以降低提供歪曲信息的概率，但也不会降到零。企业的不同部门的主管在评价员工时掌握的尺度不一样，有些部门主管打分是比较宽松，有些是好好先生的平均主义者，有些可能会产生严格误差。比如，生产部主管对自己的下属打分宽松，营销部主管对自己的下属打分严苛，办公室主任对办公室里的员工打分又比较居中。那么在整个企业层面如何进行比较呢？最简单的办法就是强制比例分布。当然，统计学里面有个针对这种情况的处理方法就是将分数进行标准化处理。实践中，很多企业直接拿分数来使用，一些企业也使用简单的强制分布法，但较少企业使用过更科学的标准化处理。

三、战略性绩效管理体系测试

企业在正式实施新的绩效管理体系之前，需要先对其进行测试。战略性绩效管理体系测试是一个重要环节，不能忽略。类似于在推进社会主义市场经济改革时，国家在沿海地区进行了一些试点，听取各方建议，在实施试点测试之后，再提出一个相对完整完美的改革方案，并向全国推广。在绩效管理体系全面部署实施之前，对该体系进行试点测试，能够使组织发现该体系中潜在的问题。在绩效管理方案出来以后，可以先选择样本进行试点，针对这个过程当中发现的问题，广泛听取当事人意见，及时进行必要修正，从而把这个方案做得更好。一些企业方案刚一出来就全面铺开实施，会存在很大的风险。如果企业方案实施的头没开好，最后大家就会觉得绩效管理没有用，负面批评将变得越来越多，导致方案无法操作下去。因此，在方案正式实施之前，需要通过试点测试发现问题，解决与完善新的绩效管理体系可能存在的问题。

试点样本要具有代表性，参与试点的员工群体也要知道需要花时间和资源。在试点期，不能将根据试点方案对样本对象的评价结果与其薪酬挂钩，因为这只是试验，样本对象的薪酬核算还应按照旧有的方案来兑现。一旦正式实施以后，再按照正式的新方案操作。试点的实施对象应该是具有代表性的样本，而且评价结果不记录在员工档案中。试点测试的目的是要参与试点的人来提意见，指出在执行中可能会有的问题，然后采取相应的改进策略。如果你是月度方案，那就要完整地试点一个月。如果是年度方案，那么在该方案实施之前，要先找一个部门完整地试点一年。

在正式实施战略性绩效管理体系之后，还应当有一个评价体系来评价它在多大程度上按照预定设想在运行，以及在多大程度上达成了预期结果。可采用问卷调研的方式开展对绩效管理体系的评价。例如，通过匿名问卷调查员工对于该体系的认知和态度，并分析员工的绩效分数是否存在随时间推移而上升的趋势，是否形成了长效机制。问卷还可以涉及被评价员工的人数、绩效评价等级的分布状况、收集的绩效数据的质量、绩效审议会议的质量等内容，这些内容可以继续分解出一些具体问项。

在信息化和大数据时代，工业互联网和企业数字化转型成为必然趋势。同样，信息化和机器学习可以运用于绩效管理，信息化以计算机代替人，计算速度快，在线的绩效管理系统可以提高流程运转速度。传统的信息传递是以信息链的方式进行，现代的信息传递是以信息网共享的方式进行。信息链的逐级传递容易造成信息流失，传递环节越多，信息流失的可能性就更大。在信息网中，信息以一个点同时向多点发出的方式传递，因而提高流转速度，降低成本。在线的绩效管理系统能快速有效地收集零碎信息，它将各方面的信息汇到一个点上，然后再发放出去，这就降低了信息流失的可能性。然而，在线的绩效管理系统作用发挥的前提是优秀的线下绩效管理体系。换言之，管理既是科学又是艺术，在线的绩效管理系统只能使优秀的线下绩效管理体系变得更卓越（陆丹等，2023）。如果线下的绩效管理体系不是一个好体系，企业强推一个线上的绩效管理系统，那么这对绩效管理的效果可能没什么作用，甚至会产生一些差的结果，对于使用者而言，这可能是一种时间和资源的浪费。

第三节 战略性绩效管理与战略协同

比较实践者和研究者之间感兴趣的主题可以发现，人力资源管理研究与人力资源管理实践之间往往存在脱节。研究者所做的知识貌似与实践有关，但研究者的研究主题往往没有包括实践者关心的许多问题，这些问题和实践者的需求之间仍然存在较大的分歧。而实践者在采取行动时也不太会以严格的研究作为基础，实践者对绩效管理研究成果常常没有被充分利用甚至被误用。企业要成功，其不同组成部分之间必须具有较好的匹配性。人力资源管理及其战略性绩效管理领域的学者，有必要更多地对实践者关心的问题进行研究。数字经济对企业运营模式产生了颠覆性影响，也给绩效管理带来了新的课题。

一、弥合员工行为与战略管理之间的沟通鸿沟

企业没有战略固然不好，但如果各级管理者和部门无法就组织战略和目标达成一致，那么整个企业的协同也不可能实现。实践中，部门计划与公司整体战略目标之间可能存在不协同，冲突是不少企业的自然状态。例如，竞争性的客户服务水准、过程效率，以及预算或利润约束之间总是处于一种紧张状态。组织还会始终面临风险、威胁和机遇，一旦风险无法预测，或者减少风险的可能性非常小，也没有抓住机遇，那么问题很快就会出现。高层管理团队有效地将本公司的战略传达给部门经理和员工的困难之一在于，高层管理团队的使命、愿景与各级管理者的日常决策和员工行为之间存在着沟通鸿沟。

企业战略执行的关键挑战是主管如何分解总体战略目标，并将其转化为有意义的个人目标的能力。然而，制定战略和执行战略之间存在鸿沟，而战略性绩效管理可以通过对员工行为与公司战略、使命、愿景之间的关系整合，使经理和各部门员工能够一致地指向明确的公司战略，从而弥合这种沟通鸿沟（范明和张妮，2011）。战略性绩效管理也能将运营和财务信息整合成单一的决策支持和规划框架。例如，战略地图和平衡计分卡等支持工具的诸多方法体系，都有助于使每个人理解战略。有效目标设置的目的在于构建上下协同的目标体系，使每一层级的目标能直接支持相邻层级的目标，并最终作用于企业的战略方向和重点。然而，清晰的目标设置仍然不足以实现最佳绩效，还需要具体的绩效反馈和员工辅导。文化对于协同和绩效也很重要，使命和目标是协同的理性一面，而文化是协同的心

脏，是确保长期成功及其可持续性的因素。尽管高管们做事风格千差万别，但只有不同价值观的人具有共同的远景和价值观，他们才能真正地共同完成企业使命。

尽管行为和想要的结果越明确，真正取得这些结果的机会就越大。但问题在于，组织是否确实明白，为了实现宽泛的、战略性的结果，如盈利能力和最优的成本结构，究竟需要怎样的具体行动？战略性绩效管理处理所有这些问题的方法是逐步增强实际员工行为和潜在的定量产出与结果的可见性，从而让高层管理者将个人愿景转化成集体愿景，推动各级经理和员工团队朝着价值创造的方向前进（孟晓斌等，2008）。战略性绩效管理试图平衡战略决策与战略执行之间的冲突，来培育一种经理和员工都全身心地投入战略规划与战略执行的环境。

二、弥合智能鸿沟的整合性框架

在大数据时代，大多数企业正为数据泛滥所困，决策者很难在必须关注的重要数据与容易明白的数据之间作出选择和决定。包括收集和转移数据、将数据从原始报告状态转化成可资利用的有意义的信息、获取精确而真实的而非冗余和尚不相联结的数据等。大多数企业采集的数据通常没有条理、前后不一或难以理解，导致这种结果出现的原因是存在太多未经整合的单一解决方案。从而使组织拥有的那些未开发的有价值信息湮没于它们日常所收集的交易数据的海洋，从而难以有效地找出隐藏在海量数据中的那些有价值信息（Teece et al.，1997）。

通常情况是，不同部门的数据仓储的建立基础都是使用多种工具的不同平台，有些平台是非标准的，有些平台的维护支持服务期已经过时，有些则预先安置于从业已破产的销售商那里购买的工具之中，从而阻碍了信息在多种系统之间流畅的传递。而且，高层管理团队的战略制定和员工实际操作之间的鸿沟远远不只是沟通鸿沟。技术是工作场所中最显著的变化，使得高层管理团队的战略制定和员工实际操作之间甚至可能形成智能鸿沟。

绩效管理系统是决策支持系统（decision support system，DSS）在绩管理中的应用（唐星龙和徐扬，2023）。数据仓库（data warehouse，DW）旨在将分散在各处的信息整合起来，商务智能（business intelligence，BI）是新的信息技术在商务分析中的有效利用。商务智能包含整合和分析日益增长的企业数据所需的完整的基础架构（如数据仓储）以及分析工具，如联机事务处理（on-line transaction processing，OLTP）和联机分析处理（on-line analytical processing，OLAP）等。数据仓储具有强大的"提取—转换—加载"（extraction-transform-load，ETL）的数据采集过程，很明显，统计、预测和最优化的业务分析，都是从多种数据来源平台获取相关决策信息的（Watson et al.，2002）。也就是说，这些技术把原始数据转变成商务领悟能力，这些超级工具现在提供了一整套的分析应用软件和数据模型，从而使组织能够探测它们业已拥有的信息库中的虚拟宝藏（陈氢和宋仕伟，2023）。然而，大多数组织都不同程度地存在商务智能鸿沟，商务智能没有提供有效的计划、监督、控制和管理企业战略目标实施的系统方法，因而计算机之间的交流与人机互动极其重要。

商务智能为战略性绩效管理的实现提供了IT基础架构和应用系统，但是绩效管理还包含能够运用这些技术和系统的商业流程（Power，2002）。商务智能技术能帮助企业分析数据，而绩效管理系统具有强大的数据实时处理能力，因而许多企业视绩效管理系统为决策支持系统未来发展的方向。绩效管理体系的许多方面已吸纳了技术元素和工具，绩效沟通、绩效评估和实际绩效结果都可以通过电子化来实现。目标设置和绩效执行可以用电子化方式记录，跟踪数据可以方便地存取。可以借助技术手段准备绩效评估的资料进行评价，比如负面影响分析、个体间的评估以及识别组织的长处和弱点等。绩效管理信息系统（enterprise performance management information system，EPMIS）试图有意识地建立起发散信息之间的联系，并且直接探测隐藏的问题领域，这有助于评估哪些战略将产生预期的结果，而不必涉猎大量的原始数据，组织借用这些虚拟宝藏可以广泛地进行有效的绩效管理。

然而，管理不只是一个技术命题，也是一个社会命题，数据本质上是个文化问题。数据综合、数据精确性、数据所有权和数据的可获得性等并不是技术问题，管理者应更加强调数据的质量，而数据的质量取决于测量指标。绩效管理系统能认识到测量方法、责任机制和数据的经济价值，它具有相较于先前的信息技术不可比拟的优势。并且绩效管理系统以共同的企业信息平台（enterprise information platform，EIP）为基础，提供一种单一版本的整合数据库（Jin & Kim，2018），而不是令客户和员工都颇感头疼的不相关的零星数据库，从而有助于弥合高层管理者愿景（vision）与员工行为之间的商业智能鸿沟。

三、战略性绩效管理的价值整合模式

在企业实践中，战略性绩效管理有不同的称谓，如商务绩效管理（business performance management，BPM）、企业绩效管理（enterprise performance management，EPM）、公司绩效管理（corporate performance management，CPM）等。战略性绩效管理的核心流程包括计划、合并报表、分析以及在整个组织内部实施相关的关键绩效指标，但理论界与实践界对绩效管理的定义往往过于狭隘。例如，绩效管理被混同于人力资源和人事系统，或是仅仅涉及更好的战略、预算、规划，以及强调计量标准的财务管理（Tracey & Nathan，2002）等。但实际上，战略性绩效管理的内容和涵盖面包括方法体系、度量标准、生产流程、软件工具和组织绩效管理系统等，它遍布整个组织及组织流程。绩效管理将战略目标、运营目标、财务目标和数据资产管理清晰地连接在一起，并以情境测试的方式对决策对整个公司产生什么样的影响作出预测。最后，企业需要通过自下而上的执行得到自上而下的指导，战略性绩效管理可以通过将计划变成结果，并且把运营和财务信息整合到一个单独的决策支持和规划框架中。

战略性绩效管理是有关企业的战略执行情况的管理方法。战略性绩效管理关注战略行动如何转化为结果，它通过精确、可靠和重要的信息提供了更高的透明度，大大提高了跨部门参与决策的程度，增强了跨部门承担预计风险的力度，使得所有绩效管理工作都旨在执行公司的战略（王雪莉等，2013）。许多企业似乎在不停地制订一个又一个改进计划，希望每一个计划都能带来巨大的竞争优势，但推动一种改进手段很少会导致长期而深刻的变化。实现改进的关键是要整合与选择多种改进方法，而不是单单执行一种改进方案或排斥其他方案和倡议。

从价值整合角度来看，战略性绩效管理系统是一个包括数据采集、数据转化并利用转化数据制作报告、网上向用户发布报告三大功能的解决方案的集合，它对战略地图、平衡计分卡、管理会计（如作业基础管理）、预算和预测、资源能力要求等方法进行提炼，以使其能够同其他方法更好地交会和融合。这些方法推动了其他一些核心解决方案的产生，如客户关系管理（customer relationship management，CRM）、供应链管理（supply chain management，SCM）、风险管理（risk management，RM）、人力资本管理（human capital management，HCM）和"六西格玛"（six sigma/6σ）等。因此，可以把战略性绩效管理看成把熟悉的企业改进方法同技术整合起来的一个综合和协调的概念，从而对典型的凌乱决策进行整合，这有助于组织理解自身作为一个整体是如何运作的（吴江等，2020）。然而，战略性绩效管理的真正障碍不是技术而是组织的思维，大多数企业通常会独立使用而不是相互交叉使用这些方法。

理论上，客户、股东和员工是企业的利益相关者，他们都有权获得价值。客户群体认为，如果他们从产品或服务中获得的利益或乐趣大于他们为之支付的费用，那么他们获得了价值。所有人、股东和出资人同样有权获得价值，如果他们的投资回报低于他们可能从同等风险或风险更低的投资中获得的经济回报，那么他们就会认为自己获得的价值较少。客户和股东之间存在着一种权衡，在一定的条件下，客户满意度的增加会导致股东财富的减少。员工所感知到的一种权利是他们的工作价值，对许多员工来说，这就是他们的安全和经济补偿。

客户智能（customer intelligence，CI）是由商业智能（BI）发展而来（杨金月等，2002），是客户关系管理的 CI 实现，企业应当将客户满意度作为最重要的内容，客户面对的前台系统是客户智能和客户关系管理系统（刘志高，2017），后台系统处理的是订单履行、流程规划以及执行，包括企业资源计划和六西格玛质量倡议所关切的领域（陆文婷，2016）。这个执行系统的产出结果就是产品或服务或旨在满足客户需求的使命。如果客户收益大于包括资本费用在内的所有组织费用，那么利润和自由现金流量最终就在股东处积累下来。作业成本法（activity based costing，ABC）试图将基于 CI 或 CRM 的客户价值管理与股东价值创造建立起清晰的联系，这是经济价值管理（economic value management，EVM）的核心。满足客户的需要是向高级管理层"使命和战略"目标提供的主要信息，平衡计分卡通过渗透到组织的诸方面以影响员工行为，这种渗透反过来导致更有效的执行。

股东价值是依靠经济价值管理方法进行测量的，这种方法可以测定从满足当前及未来客户中获取的边际利润是否足以回报股东和出资人。客户智能和客户关系管理系统的目标是最大限度地扩大交流、互动，以及增强对每个客户的独特需求的敏感性，提高客户价值（张敬怡和李煜华，2023）。企业资源计划、高级计划系统以及流程改进，可以保证有效地履行订单。绩效管理的战略地图和平衡计分卡系统（BSCS）可以确保特定的人群、设备及其他资源执行高优先事项，并同高级管理层的战略达成高度的一致（Miller & Mork, 2013）。

良好的会计管理是绩效管理的基础。作业基础管理（activity based management，ABM）也是一种可靠的以事实为基础的方法体系，它从财务角度观察工作流程及其产品、服务和客户的成本。拥有事实性信息非常重要，当所有人都拥有同样的事实时，他们通常能就如何行事达成一致意见（关新华和谢礼珊，2019）。作业成本法是一种数据发现机制，能够帮助这些系统作出更好的决策。一旦将有效的预测工具和风险管理工具相结合，作业成本法就能启动唯一的财务核算工具，把客户价值数量上的变化转换为对股东价值影响的评估。绩效管理将平衡计分卡及其战略规划图等配套工具与智能软件系统结合起来，能使经理和员工团队在需要作出反应的事件发生或继续下去之前，作出积极的前瞻性行动。

第四节　本章小结

战略性人力资源管理的具体模块之间以一个"政策包裹"的形式，发挥着各个具体模块的最佳实践之间的组合效应。

目标和关键结果具体包括聚焦、对齐、跟踪和挑战性四个独特的要点。OKR体系分为制定、执行和复盘三大步骤。OKR制定具体细分为众筹、共创、对齐和公示四个步骤；OKR执行基本是通过会议的形式来实施跟进行动，包括周一的KR分享会、周五的OKR周庆祝会、月度OKR复盘会和季度OKR分享会等；OKR复盘细分为回顾目标、找差距、找原因、总结经验和制订行动计划等步骤。

企业在实施战略性绩效管理体系之前，要做好战略性绩效管理体系沟通、评价者误差培训和绩效管理体系测试。所有中层和高层管理者都要参加沟通计划，这有助于形成他们对实施绩效管理的共识。企业需要通过包括动机培训和技能培训的评价者误差培训来降低误差产生的可能性。绩效管理体系的试点测试，旨在使企业发现该体系中潜在的问题。绩效管理的在线化能让线下优秀的绩效管理体系变得卓越。

战略性绩效管理能将运营和财务信息整合成单一的决策支持和规划框架，除了清晰的目标设置以外，最佳绩效管理还需要具体的绩效反馈和员工辅导。商务智能为战略性绩效管理的实现提供了IT基础架构和应用系统，这一架构系统包括方法体系、度量标准、生产流程、软件工具和组织绩效管理系统等，有效战略性绩效管理的真正障碍不是技术而是组织思维。

参 考 文 献

[1] 安娜，李鹤尊，刘俊勇．战略规划、战略地图与管理控制系统实施——基于华润集团的案例研究［J］．南开管理评论，2020，23（3）：87-97．

[2] 安娜．基于 KPI 的国有企业绩效考核体系研究［J］．企业改革与管理，2016（20）：75-76．

[3] 鲍宜周．战略性人力资源管理及其理论基础［J］．山西财经大学学报，2021，43（S2）：6-9．

[4] 彼得·德鲁克．管理：任务、责任和实践［M］．刘勃，译．北京：华夏出版社，2008．

[5] 彼得·德鲁克．管理的实践［M］．齐若兰，译．北京：机械工业出版社，2019．

[6] 陈鼎祥，刘帮成．人工智能时代的公共部门人力资源管理：实践应用与理论研究［J］．公共管理与政策评论，2022，11（4）：38-51．

[7] 陈国庆，兰宝英．企业战略执行过程中工具系统的研究——基于资源配置的视角［J］．经济问题，2011（2）：72-75．

[8] 陈氢，宋仕伟．数据治理视角下的湖仓一体架构研究［J］．数字图书馆论坛，2023，19（4）：19-28．

[9] 陈一君，胡文莉，武志霞．白酒企业绩效评价指标体系构建与评价方法——基于 BSC 和熵权的改进 TOPSIS 模型［J］．四川轻化工大学学报（社会科学版），2020，35（5）：68-87．

[10] 陈媛媛．北京中小企业的精细化标杆管理应用体系研究［J］．科技管理研究，2018，38（2）：216-222．

[11] 董高静，孙娜，王保平．数字资产的概念辨析、估值技术与应用策略［J］．财务管理研究，2023，49（10）68-74．

[12] 范明，张妮．战略性人力资源管理评价模型研究［J］．商业研

究，2011（8）：68-71.

[13] 高昕，苏敬勤. VUCA 时代本土管理情境特征的结构化演化研究[J]. 管理工程学报，2024（2）：1-13.

[14] 龚宏斌，罗青军. 动态环境中的企业战略：主导逻辑及规则的应用[J]. 科学学与科学技术管理，2004（7）：138-141.

[15] 关新华，谢礼珊. 价值共毁：内涵、研究议题与展望[J]. 南开管理评论，2019，22（6）：88-98.

[16] 赫尔曼·阿吉斯. 绩效管理（第3版）[M]. 刘昕，柴茂昌，孙瑶，译. 北京：中国人民大学出版社，2020.

[17] 亨利·法约尔. 工业管理与一般管理[M]. 王莲乔，吕衍，胡苏云，译. 成都：四川人民出版社，2017.

[18] 纪巍，毛文娟. 创新型科研团队绩效管理的问题及改进[J]. 科学管理研究，2016，34（6）：48-51.

[19] 江志斌，周利平. 精益管理、六西格玛、约束理论等工业工程方法的系统化集成应用[J]. 工业工程与管理，2017，22（2）：1-7.

[20] 姜洋，单良. 企业绩效评估应摒弃形式主义[J]. 人民论坛，2018，（14）：66-67.

[21] 蒋跃进，梁樑. 团队绩效管理研究述评[J]. 经济管理，2004（13）：46-49.

[22] 金文正，范松林. 深入推进 KPI 挖掘价值驱动因素[J]. 财务与会计，2016（7）：19-21.

[23] 寇跃，贾志永，白云，等. 整合视角的战略人力资源管理研究述评[J]. 管理评论，2014，26（12）：110-119.

[24] 蓝海林. 企业战略管理：承诺、决策和行动[J]. 管理学报，2015，12（5）：664-667.

[25] 李杰义，来碧波. 学习导向、技术导向与人力资源管理系统——基于组织均衡的视角[J]. 科技管理研究，2019，39（16）：159-166.

[26] 李杰义，来碧波. 整体薪酬感知与创新自我效能感对员工创新行为的影响——基于长三角地区制造企业的实证研究[J]. 华东经济管理，2018，32（12）：63-70.

[27] 李杰义, 闫静波, 王重鸣. 海外网络嵌入性、国际学习与国际化速度 [J]. 科学学研究, 2019, 37 (1): 121-129.

[28] 李杰义, 闫静波. 双重网络嵌入性对双元学习的均衡影响机制研究 [J]. 软科学, 2019, 33 (1): 72-75.

[29] 李杰义, 周丹丹, 闫静波. 战略人力资源管理的匹配模型及影响效应——环境不确定性的调节作用 [J]. 南开管理评论, 2018, 21 (6): 171-184.

[30] 李杰义. 虚拟团队效能的形成机制: 信息化与全球化挑战 [M]. 经济科学出版社, 2016.

[31] 李士清, 陈良猷. 精益生产的影响因素分析 [J]. 北京航空航天大学学报, 1995 (2): 79-83.

[32] 李志远, 王雪方. 企业绩效评价体系研究的知识图谱分析 [J]. 科技管理研究, 2014, 34 (15): 56-61.

[33] 刘辉. 新创企业成长能力的作用机制与动态演进——基于中国信息技术企业的多案例研究 [J]. 科技管理研究, 2015, 35 (17): 97-103.

[34] 刘俊勇, 段文譞, 安娜. 平衡计分卡学术研究评述与展望 [J]. 会计研究, 2022 (8): 121-134.

[35] 刘淑玲. 战略性薪酬管理浅析 [J]. 人口与经济, 2008 (S1): 145-146.

[36] 刘晓玲, 戴力勇. 战略原则: 动态环境下的行动逻辑 [J]. 科技管理研究, 2013, 33 (16): 194-197.

[37] 刘志高. 大数据环境下企业管理模式创新研究 [J]. 宏观经济管理, 2017 (S1): 128-129.

[38] 龙昀光, 潘杰义, 冯泰文. 精益生产与企业环境管理对制造业可持续发展绩效的影响研究 [J]. 软科学, 2018, 32 (4): 68-71.

[39] 陆丹, 王丹, 姜骞. 数字时代战略性人力资源管理困境与消解: 基于SECI知识创造视角 [J]. 改革, 2023 (9): 129-137.

[40] 陆文婷. 多源信息融合视阈下商务智能体系研究 [J]. 求索, 2016 (10): 105-111.

[41] 罗兴鹏, 张向前. 群体层次个人—团队匹配: 概念、机制及研

究展望 [J]. 企业经济, 2017, 36 (5): 100-106.

[42] 马克卫, 王硕, 苑杰. 数据资产核算应用研究: 理论与实践 [J]. 中南财经政法大学学报, 2023, 280 (5): 149-160.

[43] 迈克尔·波特. 竞争论 [M]. 刘宁, 等译. 北京: 中信出版社, 2012.

[44] 孟晓斌, 王重鸣, 杨建锋. 企业组织变革中的动态能力多层适应性探析 [J]. 外国经济与管理, 2008 (2): 1-8.

[45] 潘晓江. 企业会计的资本管理论: 要素控制公式与计量目标公式 [J]. 财务与会计, 2016 (23): 73-76.

[46] 唐朝永, 师永志, 李逸波, 等. 失败学习与企业绩效: 组织韧性与环境动态性的作用 [J]. 管理评论, 2023, 35 (4): 291-302.

[47] 唐星龙, 徐扬. 决策支持系统计算偏差的修正策略研究——以招聘支持系统为例 [J]. 情报杂志, 2023, 42 (6): 87-95.

[48] 田五星, 王海凤. 大数据时代的公共部门绩效管理模式创新——基于 KPI 与 OKR 比较的启示与借鉴 [J]. 经济体制改革, 2017 (3): 17-23.

[49] 汪杰, 周康林. "数据资产入表" 的解读与创新研判 [J]. 审计观察, 2023 (10): 4-9.

[50] 王涛, 占小军, 杨维. VUCA 时代的韧性领导: 研究述评与展望 [J]. 外国经济与管理, 2023, 45 (2): 3-21.

[51] 王伟民. 政治理论课贯彻 "三个代表" 重要思想要着重在 "入脑" 上下功夫 [J]. 武警工程学院学报, 2004 (1): 47-49.

[52] 王雪冬, 董大海. 商业模式的学科属性和定位问题探讨与未来研究展望 [J]. 外国经济与管理, 2012, 34 (3): 2-9.

[53] 王雪莉, 丁一, 马琳. 绩效管理中的八组重要关系 [J]. 东岳论丛, 2013, 34 (4): 126-130.

[54] 王艳艳. MBO、KPI、BSC 绩效指标体系设计思想比较研究 [J]. 现代管理科学, 2011 (3): 96-98.

[55] 王忠江. 运用平衡记分卡思想建立企业 KPI 指标体系 [J]. 人口与经济, 2006 (S1): 71-73.

[56] 魏巍,卫海英.基于顾客价值的消费者行为模式探析[J].现代管理科学,2011(6):17-19.

[57] 吴华明,林峰.上行因果关系中的根本性协同机制及其在企业战略协同中的应用[J].自然辩证法研究,2013,29(4):64-70.

[58] 吴江,邹柳馨,胡忠义.大数据环境下电子商务学科的智能化转型和商务智能研究[J].图书情报知识,2020(5):94-103.

[59] 吴培冠,陈婷婷.绩效管理的取向对团队绩效影响的实证研究[J].南开管理评论,2009,12(6):51-59.

[60] 吴晓云,张峰,陈怀超.基于战略执行的营销标准化战略对服务性跨国公司绩效的影响[J].管理世界,2010(6):98-108.

[61] 西楠,彭剑锋,曹毅,等.OKR是什么及为什么能提升团队绩效?——柔性导向绩效管理实践案例研究[J].科学学与科学技术管理,2020,41(7):116-138.

[62] 许丹,葛玉辉,饶启聪.突出关键绩效领域的中小企业复苏攻略[J].中国人力资源开发,2010(3):23-27.

[63] 亚历山大·奥斯特瓦德,伊夫·皮尼厄.商业模式新生代[M].王帅,毛心宇,严威,译.北京:机械工业出版社,2014.

[64] 杨金月,杨林,孙颖.客户智能:客户关系管理(CRM)的内核[J].物流技术,2002(7):22-24.

[65] 杨丽,孙国辉,Eppler M J.战略执行影响因素研究[J].中央财经大学学报,2009(5):48-52.

[66] 曾雪云,杜晟.企业自有数据资产的分类与估值方法探究——基于光大银行数据资产估值实践[J].财务与会计,2023(19):50-53.

[67] 张公一,张畅,刘思雯.环境不确定情境下组织韧性影响路径、作用机制与应对策略研究[J].科技进步与对策,2023,40(2):20-29.

[68] 张敬怡,李煜华.价值共创视角下制造业企业资源整合与流程整合动态耦合研究[J].软科学,2023(8):1-14.

[69] 张兰,孙旌凯,薛东波.混改背景下国有企业绩效考核体系创新研究——基于KPI与OKR比较的借鉴与启示[J].税务与经济,2022(6):101-106.

[70] 张玉琴. 关于企业绩效评价体系的思考 [J]. 财经问题研究, 2014 (S2): 107-111.

[71] 赵日磊. 绩效辅导 [J]. 企业管理, 2009 (10): 83-85.

[72] 郑伟. 财务会计概念框架基本逻辑缺陷与理论重构:复合架构思路 [J]. 会计研究, 2018 (10): 35-43.

[73] 周省时. 政府战略绩效管理与战略规划关系探讨及对领导干部考核的启示 [J]. 管理世界, 2013 (1): 176-177.

[74] 邹国庆, 温宁瑞. 企业动态能力、战略预见及环境不确定性的关联性结构 [J]. 兰州大学学报 (社会科学版), 2023, 51 (3): 92-100.

[75] Amit R, Zott C. Value creation in e-business [J]. Strategic Management Journal, 2001, 22 (6/7): 493-520.

[76] Baker G A. Strategic planning and financial performance in the food processing sector [J]. Review of Agricultural Economics, 2003, 25 (2): 470-482.

[77] Becker B E, Huselid M A. Strategic human resources management: Where do we go from here? [J]. Journal of Management, 2016, 32 (6): 898-925.

[78] Chang S, Gong Y, Way A S, et al. Flexibility-oriented HRM systems, absorptive capacity, and market responsiveness and firm innovativeness [J]. Journal of Management, 2013, 39 (7): 1924-1951.

[79] Cua K O, Mckone K E, Schroeder R G. Relationships between implementation of TQM, JIT, and TPM and manufacturing performance [J]. Journal of Operations Management, 2001, 19 (6): 675-694.

[80] Elkington J. Towards the suitable corporation: Win-win-win business strategies forsustainable development [J]. California Management Review, 1994, 36 (2): 90-100.

[81] Hamel G, Vlikangas L. The quest for resilience [J]. Harvard Business Review, 2003, 81 (9): 52-63.

[82] Jin D H, Kim H J. Integrated understanding of big data, big data analysis, and business intelligence: A case study of logistics [J]. Sustainability,

2018, 10 (10): 1 - 15.

[83] Kaplan R S, Norton D P, AnsariS . The execution premium: Linking strategy to operations for competitive advantage [J]. Accounting Review, 2008, 85 (4): 99 - 101.

[84] Kaplan R S, Norton D P. Strategic learning and the balanced scorecard [J]. Strategy & Leadership, 1996, 24 (5): 18 - 24.

[85] Kaplan R S, Norton D P. Strategy Maps: Converting intangible assets into tangible outcomes [J]. Research - Technology Management, 2004, 47 (2): 23 - 30.

[86] Kaplan R S, Norton D P. The balanced scorecard measure that drive performance [J]. Harvard Business Review, 1992 (1 - 2) : 71 - 79.

[87] Kaplan, R S, Norton D P. The strategy - focused organization: How balanced scorecard companies thrive in the new business environment [J]. Academy of Management Learning & Education, 2001 (4): 519 - 522.

[88] Katayama H, Bennett D. Lean production in a changing competitive world: A Japanese perspective [J]. International Journal of Operations & Production Management, 1996, 16 (2): 8 - 23.

[89] Liang X, Picken J C. Top management team communication networks, environmental uncertainty, and organizational performance: A contingency view [J]. Journal of Managerial Issues, 2010, 22 (4): 436 - 455.

[90] Lipton M. Demystifying the development of an organizational vision [J]. MIT Sloan Management Review, 1996, 37 (4): 83 - 92.

[91] Miller H, Mork P. From data to decisions: A value chain for big data [J]. IT Professional, 2013, 15 (1): 57 - 59.

[92] Murphy K R, Cleveland J N. Understanding performance appraisal [M]. London: Sage Publications, 1995.

[93] Power D J. Decision support systems: Concepts and resources for managers [J]. Information Systems Management, 2002, 20 (4): 80 - 84.

[94] Schuler R, Jackson S. Linking competitive strategies with human resource managementpractices [J]. Academy of Management Executive, 1987

(3): 207 – 219.

[95] Shafer S M, Smith H J, Linder J C. The power of business models [J]. Business Horizons, 2005, 48 (3): 199 – 207.

[96] Teece D J, Pisano G, Shuen A. Dynamic capabilities and strategic management [J]. Strategic Management Journal, 1997, 18 (7): 509 – 533.

[97] Thomas R. Business value analysis: Coping with unruly uncertainty [J]. Strategy & Leadership, 2001, 29 (2): 16 – 24.

[98] Tian X, Liu L. Does big data mean big knowledge? Integration of big data analysis and conceptual model for social commerce research [J]. Electronic Commerce Research, 2017, 17 (1): 169 – 183.

[99] Tracey J B, Nathan A E. The strategic and operational roles of human resources [J]. Cornell Hotel Restaurant Administration Quarterly, 2002, 43 (4): 16 – 27.

[100] Tseng Y H, Lin C T. Enhancing enterprise agility by deploying agile drivers, capabilities and providers [J]. Information Sciences, 2011, 181 (17): 3693 – 3708.

[101] Watson H J, Goodhue D L, Wixom B H. The Benefits of Data Warehousing: Why some Organizations Realize Exceptional Payoffs [J]. Information & Management, 2002, 39 (6): 491 – 502.

后 记

2001年硕士毕业后,我来到浙江师范大学工作。时值浙江师范大学合并浙江财政学校,筹建浙江师范大学财政学院,财政学院之后被正式命名为商学院。在最初的教师生涯中,我不太能在研究与教学之间做好平衡,甚至认为教学就是照本宣科,似乎教学与研究无关。后来,我渐渐发现,教学与研究能统一在专业性和人才培养上。无论是教学还是科研,都是在探索或阐释特定领域的客观世界,大学师生在共同探索或阐释客观世界的过程中,培养出创新型人才。从战略性绩效管理的行动逻辑看,学科和专业建设是大学发展战略目标的重要子目标,教学和科研建设需要共同指向和支撑学科与专业建设的战略目标。

近年来,我也在尝试着做问题驱动、研究驱动和有理有据式的教学,并尽量将理论推演、实践论证与策略阐释等运用于教学和科研活动。高校教师的教学和研究是合二为一的,两者都是促进人才培养。教学和研究是促进个体与组织之间、师生之间、同仁之间、学生之间共同成长的主战场。系统化知识才是真正的有意义和有用的知识,教学与研究互动的核心是帮助学生完成专业知识的系统架构,而不是碎片化知识的宣讲。2003年,由于学校的院系学科调整,我与商学院的同事被调整到当时的法政经济学院。2005年,在经济学调整到工商学院之时,我被调动到工商学院。之后,工商学院改成了经济与管理学院,这个称谓沿用至今,改称后的经济与管理学院包括工商管理学科和应用经济学科。工商管理学科与应用经济学科既有区别也有联系,但经济与管理学院的教师需要在这两个学科之间找到平衡,其平衡的结果可能是有所侧重的整合研究。

但在现实中,似乎每个人都很忙,迫于应付一些工作上的事项,这使得目标变得不连续甚至相互冲突。此时,对于每个人来说,将这些不连续或相互冲突的事平衡好,非常不容易。而且,每个人在事业与生活之间也需要进行平衡。然而，现实往往是，一个人学术生涯最具挑战的日子，正好是最需要花精力在家庭生活上的时候，这给事业与生活之间的平衡带来了挑战。我2005年开始攻读博士学位的时候，女儿出生，包括之后的学术生涯中也未能照顾好大家庭和小家庭，颇感愧疚。高校教师要做好学术事业与家庭生活之间的平衡，确实不容易，我们需要有所取舍或是先后排序。

在攻读博士期间，我参与了导师主持的6项区域经济与公共管理方面的横向项目，这种经历使得我渐渐觉得，做研究必须对实践问题眼光敏锐，提出的对策也必须有助于解决实践问题。在导师的指导与帮助下，我选择主题和案例进行研究，顺利地完成了博士学位论文。基于博士论文的研究，在学校科技处的帮助下，我申请到了自己主持的第一项省部级课题。对于当时的我而言，第一项省部级课题的立项是我科研生涯中非常重要的开端。无疑，这些成果的取得及其后续成果的取得，都得到了我的硕士生导师、博士生导师、博士后导师及很多贵人的加持和赋能，在此对他们致以深深的谢意。

2007年前，浙江师范大学经济与管理学院的学科基础较为薄弱，但之后的一段时间，其学科发展呈现上升趋势。这得益于一大批名校管理学科博士的加盟，使得工商管理学科发展较为强劲，成效显著。其间，经济与管理学院无论是本科专业，还是硕士生培养、学科发展都很不错。要转型就要有勇气和决心，更要有架构思维和扎实行动。院系与学科布局的调整对个人学术发展会有影响，但个人关键还是要有一种学科、专业和学术的坚守，并做好其中各种关系的平衡。不少同事到新单位后，做得都很不错。一种可能的原因是，他们在面临外部变化或调整时，能秉持一种对专业和学术的坚守，并在点、线与面之间进行调谐。

无疑，研究应从实践中来，再运用到实践中去，工商管理学科和应用经济学科的研究更不例外。多年来，我尝试着对学科、专业和学术的坚守，尝试着以一种情怀和责任，"把论文写在祖国的大地上"，并以一种从实践中发现问题、阅读相关文献、实践验证、策略阐释的思路展开研究。研究本质上是一种互动与交流的过程，这种互动包括理论与实践的互动、学术同济之间的互动等。在这种互动交流的过程中，既要有谦虚、倾听和包容的心态，又要有独立思考与思辨的精神。换言之，我们把重心放在自我的同时，也绝不能忘记他人的重要性。因为任何人都有盲区，任何研究都可能存在不足。在找研究问题的时候，我们只有与学术界和实践界之间保持持续的互动交流，才能逐步找到真正的研究问题。投稿的过程也是我们与编辑部、同行评委之间互动交流的过程，他们的意见都有助于完善我们的研究。在交流互动的过程中，需要在自我与他人之间找到一种平衡，我们甚至需要真正地解放自我，因为从任何他人那里都可以学到很多东西，研究者有时可能要保持一种包容与佛系的开放心态。

2022年12月，我来到嘉兴大学商学院工作。嘉兴大学以商科教育为缘起，现已有119年发展历史，红船精神育人和应用型人才培养的教学特色鲜明。嘉兴大学商学院会计学科有着深厚的历史沉淀，发展稳健，如今正以点带面地带动整个工商管理学科的不断发展，已形成国家级一流专业会计学、省级一流专业人力资源管理、校级一流专业财务管理和市场营销等学科专业的梯队化发展格局。嘉兴大学拥有浙江省一流学科（B类）工商管理学科，拥有经济管理国家级实验教学示范中心、浙江省新型高校智库"长三角一体化发展中心"、浙江省软科学重点研究基地"跨区域产业链风险管理与协同创新基地"等科研平台。如何化学科战略为个人行动？同样蕴含着战略性绩效管理的行动逻辑。

就个人而言，虽然对专业学术的坚守存在规划与效果的不同逻辑，但整合这两种逻辑，形成自己的对这种坚守的路径、模式与策略。过程中，长期目标和短期目标之间、个人与组织之间、外界多元和专业聚焦之间、个人工作和整个学术领域发展之间，也可能出现某种不平衡状态。此时，需要找到自己的价值、兴趣和能力等方面的核心位势，让这些事项尽量都能服务于自己的核心优势。这是一种平衡策略，需要通过专注力和组织力来不断地构筑自己的核心优势。同时，需要将构想和计划都转化为成实际行动，以行动力来使这种专注与平衡策略取得综效。

李杰义

2024年3月16日

图书在版编目（CIP）数据

战略性绩效管理的行动逻辑／李杰义著． --北京：经济科学出版社，2024.4（2025.3 重印）

（企业战略行动研究论丛）

ISBN 978 -7 -5218 -5812 -9

Ⅰ.①战… Ⅱ.①李… Ⅲ.①企业管理 - 人事管理 - 研究 Ⅳ.①F272.92

中国国家版本馆 CIP 数据核字（2024）第 075666 号

责任编辑：赵　蕾
责任校对：齐　杰
责任印制：范　艳

战略性绩效管理的行动逻辑
ZHANLUEXING JIXIAO GUANLI DE XINGDONG LUOJI
李杰义　著
经济科学出版社出版、发行　新华书店经销
社址：北京市海淀区阜成路甲 28 号　邮编：100142
总编部电话：010 - 88191217　发行部电话：010 - 88191522
网址：www.esp.com.cn
电子邮箱：esp@esp.com.cn
天猫网店：经济科学出版社旗舰店
网址：http://jjkxcbs.tmall.com
北京联兴盛业印刷股份有限公司印装
710×1000　16 开　12 印张　200000 字
2024 年 4 月第 1 版　2025 年 3 月第 2 次印刷
ISBN 978 -7 -5218 -5812 -9　定价：55.00 元
(图书出现印装问题，本社负责调换。电话：010 -88191545)
(版权所有　侵权必究　打击盗版　举报热线：010 -88191661
QQ：2242791300　营销中心电话：010 -88191537
电子邮箱：dbts@esp.com.cn)